노벨 아저씨네 미스터리 팡팡센터

교과연계	
5-1 국어	2. 정보의 탐색
5-1 국어	3. 생각과 판단
3-1 과학	1. 우리 생활과 물질
6-2 과학	4. 연소와 소화

노벨 아저씨네 미스터리 팡팡 센터

김하은 글 | 유준재 그림 | 강대훈 도움글

주니어김영사

작가의 말

미스터리한 팡팡센터로
여러분을 초대합니다!

　노벨은 다이너마이트를 만든 과학자이면서 노벨상을 만든 사람이에요. 나이트로글리세린이 지닌 엄청난 폭발력을 다이너마이트로 안정시켰지만, 그것으로 인해 많은 사람이 다쳤다는 비난을 받았고, '죽음의 상인'이라는 별명까지 얻었어요. 그는 다이너마이트를 만든 일을 후회하며 그것으로 벌어들인 이익을 세계 곳곳에서 뛰어난 활동을 한 사람들에게 주라고 유언을 남겼어요.

　우리가 살고 있는 지구에는 아직 전쟁을 치르고 있는 곳이 꽤 있어요. 한 나라에서 두 부족이 총칼을 휘두르며 싸우는 곳도 있고, 가까이 있는 나라끼리 힘겨루기를 하는 지역도 있어요. 전쟁을 하다 보면 무기를 들지 않은 평범한 사람들도 휘말리게 돼요. 그리고 어떤 경우든 전쟁이 일어나면 가장 큰 피해를 입는 것은 어린이들이에요.

저는 노벨이 지금 우리 곁에 있다면 무엇을 하고 있을까 하는 질문을 던져 보았어요. 오늘날 우리는 마음만 먹으면 어디든 하루 안에 도착할 수 있는 세상에 살고 있어요. 노벨이라면 시공간을 초월해서 먼 거리를 오갈 수 있는 교통수단을 만들 수 있을지도 모른다는 즐거운 상상을 했어요. 그 다음으로 펼친 상상은 전쟁이 벌어지는 곳에서 고통 받고 있는 어린이들을 위한 피난처였어요. 집과 가족을 잃고 다친 어린이들이 꿈과 희망을 가질 수 있는 피난처이자 아이들을 치료해 주는 병원을 '팡팡센터'라고 불렀어요. 그랬더니 팡팡센터에 대한 이야기가 팡팡 솟아났지요.

준우와 재욱이, 영석이가 팡팡센터를 찾아가는 과정을 여러분과 함께 나누고 싶었어요. 준우와 친구들은 노벨 아저씨가 만든 신기한 리모컨으로 찾아갔지만, 여러분은 이 책을 읽으면서 바로 들어갈 수 있어요. 그곳에서 국경을 뛰어넘은 우정을 쌓아 보세요. 팡팡센터로 여러분을 초대합니다!

2019년 1월 김하은

차례

작가의 말
미스터리한 팡팡센터로 여러분을 초대합니다 4

폭죽이 팡팡!
• 폭죽은 화약으로 만든 위험한 물건이다 • 8

사라지는 노벨 아저씨
• 상상은 현실이 될 수 있다 • 28

텔레비전 속으로 쑤욱
• 폭발하는 성질을 가진 화약은 무기로 쓰인다 • 50

신기한 리모컨
• 화약이 들어 있는 물건은 보관하고 사용하는 데 신중해야 한다 • 66

[ 노벨의 꿈이 담긴 다이너마이트]
• 나이트로글리세린에 규조토를 섞으면 안전하게 쓸 수 있다 • 90

[ 팡팡센터의 아이들]
• 좋아하고 잘하는 것을 마음껏 할 수 있는 환경이 필요하다 • 106

[ 노벨 아저씨의 선물]
• 화약은 사용하는 사람의 마음가짐에 따라 그 모습이 달라진다 • 122

다이너마이트를 발명한 노벨은 어떤 사람일까? 138

독후활동지 148

[폭죽이 팡팡!]
•폭죽은 화약으로 만든 위험한 물건이다•

준우는 바닷가 모래사장에 앉아 손으로 차양을 만들어 먼 곳을 바라보았다. 모래 언덕 너머로 햇빛이 쏟아졌다. 준우는 이곳이 사막이라고 상상했다. 파도 소리는 오아시스에서 나는 것이고, 낙타가 물을 마시러 오고, 모래 언덕 너머에 노랗고 파란 불꽃이 팡팡 터지는 장면을 떠올렸다.

일주일 전이었다.

'파도 슈퍼마켓' 아저씨가 곧 가게를 닫는다며 물건들을 싸게 팔았다. 그중에는 폭죽도 있었다. 준우와 친구들은 폭죽을 세 개씩 샀다. 마침 슈퍼마켓 앞을 지나가던 건우 삼촌이 불을 붙여 주겠다고 했다. 건우 삼촌은 영석이 옆집에 사는 대학생이다. 영석이는 어릴 때부터 그를 삼촌이라고 불렀고, 덩달아 준우와 재욱이도 삼촌이라고 불렀다. 준우는 이름이 비슷하니 자기 삼촌이라고 우겼다. 그러면 영석이는 이준우와 김건우가 어떻게 비슷하다는 건지 모르겠다며 이웃사촌인 자기한테 딱 어울리는 삼촌이라고 했다. 건우 삼촌은 폭죽을 모래사장에 비스듬히 꽂은 다음 하나씩 불을 붙였다. 팡, 팡! 폭죽이 바다 쪽으로 터졌다. 준우와 친구들은 감탄하면서 불꽃을 지켜보았다. 그런데 건우 삼촌이 피식 웃었다.

"내가 작년에 불꽃 쇼를 봤거든? 정말 하늘에서 땅으로 불꽃이 와르르 쏟아지는 것 같았어. 오색찬란한 빛도 멋졌지. 알록달록한 불꽃이 폭포를 만들고, 꽃을 피우더라."

준우가 물었다.

"삼촌, 그럼 불꽃 중에 낙타 모양도 있나요?"

"불꽃 두 개가 동시에 터졌을 때 낙타랑 비슷했던 것 같아."

이번에는 재욱이와 영석이가 물었다.

"혹시 보라색 불꽃도 터져요?"

"소리는 얼마나 커요? 불꽃은 또 얼마나 커요?"

쏟아지는 질문에 삼촌은 한 손을 휘저었다.

"보라색은 물론이고 황금색 불꽃도 있어. 게다가 불꽃은 하늘 끝에서 땅으로 이어질 만큼 크고, 소리도 천둥 같아. 뭐, 슈퍼마켓에서 파는 폭죽하고는 차원이 다르지."

재욱이는 삼촌 옆에 바짝 붙었다.

"황금색 불꽃이라고요?"

영석이도 물었다.

"천둥 같은 소리가 나려면 폭죽은 얼마나 커야 해요? 그 폭죽을 직접 봤어요? 삼촌은 몇 번이나 봤어요?"

재욱이와 영석이가 번갈아 질문하는 동안 준우는 입을 반쯤 벌린 채 불꽃 쇼를 상상했다. 낙타, 사자, 호랑이, 유니콘 모양과 휘황찬란한 색으로 이루어진 불꽃이 눈앞에서 팡팡 터지는 것 같았다.

"아마 텔레비전으로도 절대 그 느낌을 못 담을걸?"

건우 삼촌이 웃으면서 말하고는 자리에서 일어났다.

여전히 바닷가에는 폭죽이 터졌다. 조금 전까지 근사해 보였던 불꽃이 갑자기 시시해 보였다.

"삼촌이 거짓말 하는 건 아니겠지?"

"건우 삼촌은 그럴 사람 아니야."

"불꽃 쇼 보고 싶다. 그치, 준우야?"

준우는 상상에 빠져 영석이의 말을 듣지 못했다. 영석이와 재욱이는 그런 준우를 방해하지 않았다.

그로부터 일주일 동안 준우가 하는 모든 상상에 불꽃 쇼가 나타났다. 사막을 떠올리든 바다를 떠올리든 상관없이 늘 불꽃 쇼가 보였다. 지금도 마찬가지였다.

그때, 모래를 밟으며 누군가 다가왔다.

"이준우, 또 혼자야?"

재욱이가 등 뒤에 서 있었다. 준우는 빙그레 웃으며 제 옆자리를 가리켰다. 재욱이가 철퍼덕 앉아 같은 곳을 바라봤다.

"무슨 생각하고 있었어?"

"낙타."

"낙타?"

"응."

재욱이는 손으로 차양을 만들어 사방을 살폈다.

"낙타는 모르겠고, 저기 영석이 온다."

재욱이가 키득거렸다. 준우도 피식 웃었다. 셋은 어릴 때부터 한 동네에서 함께 자란 친구들이고, 늘 붙어 다니는 삼총사였다.

준우는 멍하게 있을 때가 많았다. 그러느라 선생님 질문에 제때 대답을 못했고, 친구들이 하는 말을 못 들을 때도 많았다.

이런 일이 반복되자 친구들은 준우가 멍한 표정을 짓고 있으면 옆에 오지 않았다. 하지만 재욱이와 영석이는 달랐다. 재욱이는 준우가 무슨 생각을 하고 있는지 꼭 물어봤다. 그리고 영석이는 준우가 하는 생각을 몸으로 표현했다. 엉뚱한 생각이면 폴짝폴짝 뛰며 뒹굴었고, 슬픈 생각이면 표정을 구기며 준우를 웃겼다.

"그런데 쟤는 또 왜 저래?"

재욱이가 중얼거렸다.

작은 키에 얼굴이 동글동글한 영석이가 뛰어왔다. 걸음마다 모래가 사방으로 튀었다.

"있잖아……, 헉헉."

준우와 재욱이가 있는 곳까지 다다른 영석이는 가쁘게 숨을 쉬었다.

"뭔 일이야?"

재욱이가 물었다.

"숨부터 좀 고르고 말해."

준우는 허리를 구부린 영석이 손을 살짝 잡았다. 한참 동안 거친 숨을 쉬던 영석이가 숨을 고르며 말했다.

"건우 삼촌이 서울에 불꽃 쇼 보러 간대."

건우 삼촌은 방학을 맞아 집에 와 있었고, 개학을 하면 다시 서울로 갈 예정이었다. 삼촌이 집에 돌아오면 영석이의 하루는 바빠졌다. 아침저녁으로 삼촌네 집을 들락날락하면서 새로운 소식을 들었고, 그 소식을 다시 준우와 재욱이에게 전했다. 아이들은 어묵 꼬치가 국물에 불지 않게 어묵을 꼬아서 파는 가게가 있고, 맛이 다양한 팝콘을 깡통에 담아 파는 가게가 있다는 소식에 눈빛을 반짝였다.

준우는 건우 삼촌이 불꽃 쇼를 보러 간다고 호들갑을 떠는 영석이가 이상했다.

"그런데?"

재욱이가 심드렁하게 물었다.

"내가 데려다 달라고 졸랐어."

영석이는 들뜬 목소리로 대답했다.

"그래서?"

준우가 느릿느릿 물었다. 영석이는 준우와 재욱이 반응을 보며 답답하다는 듯 두 발을 굴렀다.

"우리랑 같이 가자고 했다고! 우리도 불꽃 쇼를 볼 수 있단 말이지!"

준우가 눈을 번쩍 떴다.

"진짜? 불꽃 쇼를 볼 수 있다고?"

"그렇다니까! 오늘 아침에 엄마 심부름으로 삼촌네 집에 들렀거든. 그런데 건우 삼촌이 여자 친구랑 불꽃 쇼를 보러 가자고 약속하고 있더라고. 그래서 우리도 데려가 달라고 졸랐지."

흥분한 영석이가 말이 빨라졌고, 준우는 자리에서 벌떡 일어났다. 그동안 텔레비전에서만 보았던 불꽃 쇼를 진짜 볼 수 있다니. 지금 당장이라도 건우 삼촌에게 달려가고 싶었다.

"그래서 언제 간대?"

"내일 아침 일찍. 갈 거지, 준우야?"

영석이가 준우를 쳐다보며 물었다.

"당연하지. 재욱아, 너도 갈 거지?"

준우가 재욱이에게 묻자, 재욱이는 모래사장에서 일어나 두 친구 어깨에 손을 올렸다.

"삼총사가 모두 뭉쳐야 신나잖아. 그럼 불꽃 쇼에 가서 화약 냄새를 질리게 맡아 볼까?"

셋은 나란히 어깨동무를 하고 발을 굴렀다. 바닷가에서 폭죽을 터뜨리는 사람은 많았다. 기다란 폭죽에 있는 심지에 불을 붙이면 작은 불꽃이 타닥타닥 소리를 내며 폭죽 몸통까지 이동했다. 잠시 뒤 폭죽이 팡팡 터지면서 바다 위로 빨갛고 파란 불꽃이 피었다가 사라졌다. 작은 폭죽이었지만 불꽃은 화려했다.

준우와 재욱이, 영석이는 바닷가에서 터지는 폭죽만 봐도 신났었다. 하지만 건우 삼촌에게 불꽃 쇼 이야기를 들은 순간부터 달라졌다.

준우는 콩닥거리는 가슴을 손으로 누르며 영석이에게 물었다.
"그런데 정말 우리도 같이 데려간대?"
"그렇다니까."
재욱이가 끼어들었다.
"야, 그럼 이렇게 있지 말고 삼촌한테 직접 물어보자."
셋은 모래사장을 벗어나 오르막을 올랐다. 그런 다음 큰 은행나무를 지나 두 번째 골목으로 꺾으면 영석이네 집이 나오고, 그 옆이 건우 삼촌네 집이었다.
앞서 가던 영석이가 멈췄다. 영석이와 보조를 맞추던 재욱이는 제때 멈췄지만, 달리는 동안 불꽃 쇼를 상상하던 준우는 영석이와 부딪혔다.
"아얏!"
"준우야, 괜찮아? 야, 오영석, 갑자기 그렇게 멈추면……."
가슴을 감싼 준우를 편들던 재욱이가 말을 멈췄다. 영석이와 부딪힌 가슴을 쓸어 내리던 준우는 친구들이 보고 있는 방향을 바라봤다.

"혹시 우리 동네에 영어 학원 생긴다는 말 들어봤어?"

"아니, 넌 들어 봤어?"

"영어 학원은 아닌 것 같은데, 라면이랑 과자도 그대로 있잖아."

준우는 친구들 등 뒤에서 까치발을 들었다. 며칠 동안 비어 있던 '파도 슈퍼마켓' 한쪽 벽에는 커다란 텔레비전이 붙어 있었다. 그리고 덥수룩하게 수염을 기르고 파란 눈동자를 가진 아저씨가 비어 있던 장식장에 물건을 채우고 있었다.

"저 아저씨가 슈퍼마켓의 새 주인인가?"

준우가 중얼거렸다.

호기심 어린 눈으로 슈퍼마켓을 들여다보는데, 아저씨와 눈이 마주쳤다.

아저씨가 손을 흔들자 누가 먼저랄 것 없이 셋 다 뒷걸음질을 치다 골목으로 뛰었다.

"바, 방금 우리한테 손 흔들었지?"

"왜 알은체했을까?"

영석이와 재욱이 말에 준우가 고개를 갸웃거렸다.

"잠깐 들른 사람 같지는 않던데. 진짜 주인인가 봐. 그런데 이 시골 마을에, 그것도 외국인이 왜 슈퍼마켓을 운영하는 걸까?"

준우는 슈퍼마켓 아저씨의 정체가 궁금했다.

그 사이 영석이는 건우 삼촌네 집으로 들어섰다.

"삼촌, 삼촌!"

건우 삼촌 대신 할머니가 밖을 내다보았다.

"건우 없는데, 조금 전에 서울 갔어."

"네? 혼자요?"

"그럼 혼자 가지. 친구 전화 받더니 후다닥 짐을 챙겨서 가더라."

할머니는 아무 일 없다는 듯이 문을 닫았다. 준우와 친구들은 마당에 선 채 멍한 표정을 지었다.

"삼촌이 정말로 우리를 불꽃 쇼에 데려간다고 했어?"

"혹시 뻥 친 거 아냐?"

준우와 재욱이가 영석이를 몰아붙였다.

"진짜 데려간다고 했다니까! 건우 삼촌 미워!"

영석이가 씩씩대며 밖으로 나갔다. 재욱이는 영석이를 따라 나갔다. 준우는 갈 수 없는 불꽃 쇼를 상상하며 천천히 걸었다.

그때, 재욱이가 영석이와 준우를 불렀다.

"저 아저씨가 슈퍼마켓 주인인가 봐."

'파도 슈퍼마켓'이라는 간판 위에 '노벨 슈퍼마켓'이라는 현수막이 붙었다. 현수막 아래쪽에는 '이 슈퍼마켓의 수익금은 팡팡센터를 지원합니다.'라는 작은 글씨도 있었다.

"그러든가 말든가!"

잔뜩 화가 난 영석이는 재욱이를 뿌리치고 집 뒤에 있는 언덕으로 오르려 했다.

"오영석, 폭죽을 여러 개 사서 한꺼번에 터뜨려 보자. 많이 터뜨리면 불꽃 쇼 느낌이 날 거야."

그럴싸한 재욱이의 말에 영석이가 멈춰 섰다.

"정말 그럴까?"

"당연하지. 너도 그렇게 생각하지, 준우야?"

"어? 그, 그래. 많이 터뜨리면 그럴 거야."

"좋아. 그럼 폭죽을 사러 가자."

이번에는 재욱이가 앞장섰다. 셋은 왔던 길을 되돌아가 노벨 슈퍼마켓으로 들어갔다.

"오, 아까 그 친구들이구나. 반갑다. 난 노벨이라고 해."

아저씨가 두 팔을 벌렸다. 셔츠 깃 사이로 드러난 목에 캡슐이 달린 목걸이가 걸려 있었다.

"노벨이오? 그게 아저씨 이름이에요?"

재욱이가 물었다.

"아, 내 이름은 베르나르도 노벨이야. 베르나르도는 곰처럼 강한 사람이라는 뜻이지. 굳이 길게 부를 필요 없으니까, 그냥 노벨이라고 부르렴."

준우는 슈퍼마켓을 둘러보았다. 파도 슈퍼마켓일 때와 비슷하면서 조금씩 달랐다. 한쪽 벽에 붙은 커다란 텔레비전이 켜져 있는데, 화면에는 드넓은 땅이 펼쳐져 있었다. 메마르고 붉은 땅에는 드문드문 풀이 나 있었고, 학교 건물처럼 직사각형 모양인 건물도 보였다. 또 건물 꼭대기에는 알아볼 수 없는 글자가 있었다. 화면은 고정된 것처럼 계속 같은 자리를 비췄다. 텔레비전 바로 앞에 폭죽이 담긴 상자가 있었다.

'노벨 슈퍼마켓 규칙 - 폭죽은 만 18세 이상인 사람만 구입할 수 있으며, 바닷가에서 사용할 목적으로만 1인당 3개까지 구입할 수 있습니다. 술을 마신 사람에겐 팔지 않습니다.'

영석이가 친구들 옆구리를 찌른 다음, 밖으로 나오라고 고갯짓을 했다. 셋은 슈퍼마켓에서 떨어진 곳에 모였다.

"파도 아저씨는 폭죽을 그냥 팔았는데 저 아저씨는 엄청 까다롭게 구네."

재욱이가 투덜거렸다. 뒤이어 영석이도 짜증을 냈다.

"아, 삼촌도 그렇고, 슈퍼마켓도 그렇고…… 뭐가 이래?"
"어른만 사라는 거네. 우린 못 사겠다."
그러자 재욱이가 손가락을 튕기며 딱 소리를 냈다.
"좋은 수가 있어. 저 아저씨는 우리 동네에 온 지 얼마 안 됐으니까 사람들을 잘 모를 거야. 그러니까 어른인 것처럼 보이는 사람이 사면 돼."
"누구?"
"이준우."
"뭐?"
"우리 중에서 네가 제일 키가 크잖아. 게다가 인상을 쓰면 나이도 더 들어 보일 거야."
"주인 아저씨를 속이자고?"
영석이가 준우 어깨에 손을 올렸다.

"불꽃 쇼를 보러 못 가는 대신 우리가 직접 만들어 보자는 것뿐이야. 게다가 전에는 아무나 살 수 있었고. 우린 속이는 게 아니라 예전처럼 사는 거라고."

영석이의 말은 그럴싸했지만, 준우는 깊은 한숨을 내쉬었다.

"네 표정이 더 어른 같다."

준우는 다시 슈퍼마켓으로 들어갔다. 준우가 폭죽 여섯 개를 집어 계산대에 올렸다.

"이건 어린이한테 안 팔아요."

"저는 어린이가 아니에요. 열여덟 살이에요."

"그래요? 그럼 몇 년생이지? 무슨 띠?"

거기에서 말문이 막혔다. 머뭇거리는 준우에게 노벨 아저씨가 단호하게 말했다.

"이제부터 노벨 슈퍼마켓이 만든 원칙을 따라 주길 바랍니다. **특히 폭죽처럼 화약으로 만든 물건은 정말로 위험해요.** 그래서 어린이에게 절대 팔지 않아요."

준우는 군말 없이 돌아섰다. 밖에서 기다리던 영석이와 재욱이도 주춤대며 준우를 따랐다. 셋은 무거운 발걸음으로 슈퍼마켓을 떠났다.

사라지는 노벨 아저씨
• 상상은 현실이 될 수 있다 •

그 뒤로도 준우는 노벨 슈퍼마켓에 몇 번 들렀다. 노벨 슈퍼마켓에는 폭죽뿐만 아니라 곳곳에 쪽지가 붙어 있었다. 쪽지에는 '팡팡센터를 응원하는 과자', '팡팡센터에서 가장 인기 있는 간식', '팡팡센터와 잘 맞는 젤리', '팡팡센터에서 인기 폭발!'이라고 쓰여 있었다.

"아저씨, 팡팡센터가 뭐 하는 곳이에요?"

"팡팡센터는 다친 사람들을 치료하는 병원이란다. 여기에서 아주 멀리 떨어진 곳에 있지."

"걸어서 얼마나 걸리는데요?"

"하하하, 비행기를 타야 갈 수 있어. 하지만 지금은 비행기가 다니지 않는 곳이지."

조그만 동네에 있는 슈퍼마켓이 비행기를 타고 갈 거리에 있는 병원을 후원하다니. 놀라운 일이었다. 하지만 노벨 아저씨의 말은 앞뒤가 맞지 않았다.

"비행기가 다니지 않는데 어떻게 팡팡센터를 후원해요?"

준우는 진짜 궁금했다. 하지만 노벨 아저씨는 대답하는 대신 말을 돌렸다.

"아, 하하하, 그거야 뭐…… 준우는 안 바쁘니? 오늘은 애들 안 만나?"

턱수염을 손가락으로 배배 꼬는 노벨 아저씨를 보며 준우는 고개를 갸우뚱했다.

추석 연휴를 앞두고 텔레비전 프로그램에서 가 볼 만한 여행지를 소개했다. 거기에는 준우네 동네도 포함되어 있었다. 열흘 가까이 되는 긴 연휴를 즐기려는 사람들이 한꺼번에 몰려들었다. 놀러온 사람들은 밤이 되면 폭죽을 팡팡 터뜨렸다. 하지만 준우와 친구들은 돈이 있어도 폭죽을 살 수 없었고, 다른 사람들의 불꽃놀이를 구경하기만 했다.

한편 어른들은 집집마다 남는 방 한 칸씩을 여행 온 사람들에게 빌려주었고, 늦게까지 사람들을 상대로 장사를 하느라 바빴다. 그래서 준우는 친구들과 함께 알아서 끼니를 챙겨 먹어야 했다.

하루는 준우네, 다음날은 재욱이네, 또 그 다음날은 영석이네, 이렇게 번갈아 가면서 점심을 해결했다. 그날은 영석이 집에서 점심을 먹는 날이었다.

셋은 마당에 있는 평상에 둘러앉았다. 영석이가 큰 그릇에 만든 비빔국수를, 각자 작은 그릇에 덜어서 먹었다.

"난 우리 동네에서 영석이가 만든 비빔국수가 제일 맛있더라."

"그러게 말이야. 요리사가 만들었다 해도 믿겠어."

재욱이와 준우의 칭찬에 영석이가 어깨를 으쓱했다.

"내가 먹고 싶어서 하는 건데 뭘. 나도 이제 가스레인지 켜는 것쯤은 거뜬히 할 수 있다고. 며칠 전에는 라이터도 켰어. 그런데 왜 폭죽을 못 사게 하는 거야?"

영석이가 투덜거렸다. 그러자 재욱이도 "맞아, 맞아." 하며 맞장구를 쳤다. 준우는 남은 비빔국수를 친구들 그릇에 옮겨 담으며 친구들에게 물었다.

"그것뿐만이 아니야. 다른 슈퍼마켓이랑 뭔가가 달라. 안 그래?"

재욱이가 젓가락질을 멈췄다.

"가게는 장사가 기본인데, 노벨 아저씨는 장사보다 팡팡센터인지 뭔지 하는 이상한 이름의 병원 후원에만 정신이 팔린 것 같더라."

준우는 그동안 이상하게 여겼던 점을 친구들에게 털어놓았다.

"내가 팡팡센터가 어디 있느냐고 물어봤는데, 비행기를 타야 갈 수 있는 곳이래. 그런데 지금은 비행기가 안 다닌다고 하더라. 그러면 후원은 어떻게 하고, 후원금은 어떻게 보내는 걸까? 혹시 후원한다고 거짓말을 하고 아저씨가 자기 주머니에 넣는 건 아닐까?"

영석이가 큰 그릇 앞으로 몸을 숙였다. 그러고는 목소리를 낮췄다.

"내가 그동안 노벨 슈퍼마켓을 쭉 관찰했는데, 하루에 두 번씩

문을 잠가. 처음에는 아저씨가 잠깐 볼일을 보러 나가나 보다 했는데 밖으로 나오지는 않더라고."

재욱이가 낄낄 웃었다.

"영석이는 진짜 탐정이 제격이야."

"난 탐정 싫어. 재욱이 너는 안 궁금해? 진짜 이상한 슈퍼마켓이라니까. 준우야, 너도 그렇지?"

준우는 골똘히 생각했다. 지금까지 노벨 아저씨와 주고받았던 이야기들을 근거로 앞뒤를 맞췄다. 뭔가 맞지 않는 부분들이 꽤 있었다.

"영석아, 아저씨가 문을 언제 잠그는데?"

"오전 8시에 문을 열거든. 오후 12시에 한 번, 오후 5시에 한 번, 그리고 가게 문은 오후 10시에 닫지. 왜?"

준우는 영석이 옆에 바짝 붙어 앉았다.

"문까지 잠그고 안에서 뭘 하는 걸까?"

준우는 문을 잠그는 노벨 아저씨의 모습을 떠올려 보았다.

"영석아, 이따 5시쯤 다시 올게. 아저씨가 뭘 하는지 같이 살펴보자."

준우는 영석이와 약속을 했다.

집으로 돌아오니 엄마가 마당에 있는 수도 근처에서 이불을 밟으며 빨래를 하고 있었다.

"너 마침 잘 왔다. 지난밤에 묵었던 손님이 이불에서 냄새가 난다고 하더라. 그래서 살펴봤더니, 며칠 전에 묵고 간 손님이 이불에 뭘 쏟았나 봐. 장에 있던 이불에도 냄새가 뱄지 뭐니."

"뭐?"

준우는 뒷걸음질을 쳤다. 붙잡히면 꼼짝없이 이불 빨래를 해야 했다.

"이불 빨래 도와주면 용돈 더 줄 텐데. 그냥 튀면 다음 주 용돈은 없고."

엄마는 준우를 보지 않은 채 얼룩에 비누칠을 했다.

준우는 끄응 앓는 소리를 내며 슬리퍼를 벗었다. 민박을 한 뒤부터 일 년에 몇 번씩 겪어야 하는 일이었다. 하지만 하필이면 이때, 노벨 슈퍼마켓을 관찰하러 가기로 한 날 이불 빨래라니.

이럴 때는 불꽃이 터질 때처럼 폭발적인 힘을 내야 했다. 준우는 맨발로 이불을 꾹꾹 밟았다. 엄마가 치대고 준우가 밟고, 다시 맑은 물을 받아서 헹구고 밟는 과정을 반복했다.

"세탁기에 돌리면 되잖아."

"이 녀석아! 이렇게 빨아야 깨끗해지지. 잔말 말고 얼른 밟아!"

준우는 투덜대며 이불을 밟았다. 하나를 다 빨기 무섭게 또 다른 이불이 나타났다. 엄마는 밀렸던 이불 빨래까지 모두 꺼내 왔다. 맑은 물이 나올 때까지 몇 번씩 물을 갈았다. 그런 다음 엄마와 둘이서 이불을 비틀어 짜서 빨랫줄에 널었다. 빨랫줄과 건조대에 이불이 한가득 널린 다음에야 일이 끝났다.

빨래를 하면서 준우는 노벨 아저씨를 생각했다. 슈퍼마켓에는 작은 방이 딸려 있다. 파도 슈퍼마켓 아저씨처럼 노벨 아저씨도 그 방에 사는 것 같았다. 동네에 아저씨가 사는 다른 집이 없기 때문이다. 만약 아저씨가 방에 있었다면 신발이 방 밖에 있었을 것이고, 영석이가 수상해 할 이유가 없었다. 그렇다면 아저씨가 비밀 통로를 통해 다른 곳으로 드나드는 건 아닐까? 우리가 모르는 곳을 통해 마을 밖으로 나가는 건 아닐까? 혹시 마법사처럼 사라지는 건 아닐까? 준우는 잠시 엉뚱한 상상을 해 보았다.

노벨 아저씨를 떠올리니 자연스럽게 불꽃 쇼가 연상되었다. 불꽃 쇼에 데려가겠다던 건우 삼촌은 아직 돌아오지 않았다. 남일처럼 여겨지던 불꽃 쇼가 삼촌이 데려가겠다고 한 뒤부터 꼭 가고 싶은 곳으로 바뀌었다. 바닷가에서 펑펑 터지는 작은 불꽃들을 한데 모아서 큰 불꽃으로 키우고 싶었다. 생전 처음으로 커다란 불꽃을 보고 싶은 간절함이 부글부글 끓어올랐다.

이불 빨래를 끝내자 온몸이 땀으로 흠뻑 젖었다. 바지와 티셔츠뿐 아니라 속옷까지 축축해졌다. 준우는 후들거리는 다리를 끌고 마루에 털썩 주저앉았다.

그때 영석이가 대문을 열고 들어왔다.

"난 또 약속을 잊은 줄 알았네. 이 많은 이불을 다 빤 거야?"

준우는 전화기를 보았다. 빨래를 하는 동안 영석이가 전화를 다섯 번이나 걸었다.

"벌써 여섯 시네. 어쩐지 배가 고프더라. 아저씨가 또 문을 닫았어?"

"응. 그런데……."

영석이가 준우에게 귓속말을 하기 시작했다.

"내가 전봇대에 숨어서 봤거든. 아저씨가 문을 잠그더니 텔레비전을 틀 것처럼 리모컨을 들더라. 너도 알지? 그 집 텔레비전은 화면이 같은 곳을 비추잖아."

"알지. 꼭 CCTV 같잖아."

"응, 그런데 갑자기 아저씨가 사라졌어."

"뭐?"

"그냥 뿅 하고 사라졌다니까. 밖으로 나오지 않고, 신발도 안 남고, 텔레비전은 여전히 틀어져 있고."

준우는 벌떡 일어났다. 상상했던 일이 실제로 일어났다. 그렇다면 아저씨는 어디로 사라졌을까?

"가 보자!"

준우는 영석이와 함께 달렸다. 가슴이 쿵쿵 뛰었다.

노벨 슈퍼마켓의 문이 열려 있고, 아저씨도 있었다.

"어서 오렴."

영석이가 준우에게 눈짓을 했다. 척 하면 착이었다. 준우는 노벨 아저씨에게 바짝 다가서서 질문을 하기 시작했다. 그 사이 영석이는 아저씨 뒤편으로 살금살금 걸어갔다.

"아까 슈퍼마켓에 왔는데, 안 계시더라고요."

"언제? 오전에 아니면 오후에?"

"문을 자주 닫으시나 봐요. 그렇게 자주 닫으시면 장사가 안 될 텐데요."

노벨 아저씨가 빙그레 웃었다.

"준우가 아저씨 걱정을 해 주니 고마운걸. 장사가 잘 되면 좋은데, 안 되면 어쩔 수 없고."

준우는 한쪽 눈썹을 올리며 인상을 썼다.

"아저씨는 돈이 많으신가 봐요."

"하하하, 뭐 돈이야 있다가도 없고, 없다가도 있는 거니까."

그 사이 영석이가 작은 방 앞으로 다가갔다. 가게에 딸린 작은 방에는 미닫이문이 있었다. 그 문에는 방에 앉아서 밖을 볼 수 있는 작은 유리창이 있었다. 영석이가 유리창으로 방을 들여다보는 게 준우에게도 보였다. 영석이가 손가락으로 신호를 보냈다. 조금 더 시간을 끌어달라는 뜻이었다.

노벨 아저씨가 몸을 살짝 틀었다. 준우는 노벨 아저씨의 팔을 잡았다.

"진짜 이상하게 들리실지 모르겠지만, 저는 문을 닫은 사이에 아저씨가 전혀 다른 공간으로 이동하는 건 아닐까 상상했거든요."

"뭐?"

노벨 아저씨가 눈을 크게 떴다. 준우는 노벨 아저씨의 시선을 자신에게 잡아 두려고 생각나는 대로 마구 말했다.

"제가 좀 엉뚱한 상상을 많이 해요."

노벨 아저씨가 준우와 눈을 맞췄다.

"저는 아저씨가 슈퍼마켓 주인이 아니라 마법사가 아닐까 하는 상상도 했어요. 책에서 보면 마법을 거는 약과 주문은 허투루 만들면 안 되잖아요. 규칙을 정확히 지켜야 제대로 마법이 걸리니까요. 아저씨가 어린이에게 폭죽을 팔지 않는 것도 마법의 규칙일지 모른다고 상상했어요."

노벨 아저씨의 입가에 미소가 떠올랐다.

"우리 준우도 나 못지않은 공상가구나. 새로운 것을 발명하기 위해서는 공상가가 되어야 한단다."

"공상가가 뭐예요?"

"현실이 아니거나 실현될 가망이 없는 것을 마음대로 상상하는 걸 '공상'이라고 해. 남들이 들으면 네 상상은 공상에 불과할 테지. 하지만 내 귀에는 꽤 그럴듯하게 들렸어. 네 상상력을 마음껏 펼쳐 보렴. **상상은 현실이 될 수 있단다.** 그리고 한 가지 덧붙이자면, 무슨 일이 있어도 노벨 슈퍼마켓에서는 어린이에게 절대 폭죽을 팔지 않아. 꿈도 꾸지 마."

준우가 노벨 아저씨와 이야기를 하는 동안 영석이가 작은 방 쪽에서 나왔다. 그리고 선반에서 과자 한 봉지를 집어 계산대로 왔다.

"영석아, 그 방에 별 거 없었지?"

"예?"

노벨 아저씨의 말에 영석이가 들고 있던 과자를 떨어뜨렸다. 영석이의 눈꺼풀이 파르르 떨렸다.

"먹고 자는 곳이니까 별 거 없었을 거야. 잘 가렴."

노벨 아저씨는 태연하게 과자를 계산했다. 준우와 영석이는 슈퍼마켓을 겨우 빠져나와 영석이네 집으로 갔다.

"어떻게 봤지? 뒤통수에 눈이 달렸나?"

"그러게."

준우는 노벨 아저씨가 더욱 수상해 보였다. 아저씨가 어떤 사람인지, 왜 이 마을에 슈퍼마켓을 차렸는지, 아저씨가 말한 팡팡 센터는 어디인지 알고 싶었다. 그와 동시에 불꽃 쇼를 펼치고 싶다는 간절함도 더 커졌다.

다음 날 준우는 모래사장으로 달려갔다. 영석이와 재욱이가 먼저 와서 기다리고 있었다.

"애들아, 좋은 생각이 떠올랐어."

"무슨 생각?"

영석이와 재욱이는 준우를 보지 않고 대답만 했다. 지금까지 준우가 떠올린 좋은 생각들은 친구들이 들었을 때 허황되거나 황당했기 때문에 큰 기대를 하지 않는 눈치였다. 준우는 분명하게 말했다.

"너희도 불꽃 쇼 하고 싶지?"

친구들이 고개를 들었다.

"하고 싶으면 뭐 해? 폭죽을 살 수 없잖아. 부모님도 노벨 아저씨하고 짬짜미를 했는지 전혀 안 먹혀. 위험하니까 폭죽 생각은 하지도 말라잖아. 진작 그랬어야 한다고 칭찬이 자자해."

재욱이 말에 영석이도 "맞아." 하고 추임새를 넣었다.

"우리에겐 폭죽을 대신 사 줄 또 다른 어른들이 있잖아."

"건우 삼촌은 안 올 것 같은데? 그리고 뒷집 소라 누나도 부모님하고 같은 생각이고."

영석이가 투덜거렸다. 준우는 입술을 삐쭉 내민 두 친구들에게 바짝 다가앉았다. 그러고는 고개를 숙여서 소곤거렸다.

"오영석, 부모님 말고 우리들 집에 왔다 갔다 하는 또 다른 어른들이 있잖아."

"또 다른 어른들이면…… 설마 민박 손님들?"

"쉬! 조용히 해."

영석이와 재욱이의 입가에 미소가 번졌다. 그러고는 목소리를 낮추어 지금까지 준우가 떠올린 생각 중 가장 멋지다고 준우를 칭찬했다.

준우는 폭죽을 사기 위한 돈이 얼마나 있는지 점검했다. 민박을 하면서 수입이 쏠쏠해진 부모님이 넉넉하게 준 용돈, 이불 빨래 및 집안일 돕기로 받은 특별 용돈, 그동안 모아 놓은 비밀 용돈까지 합하니 생각보다 돈이 많았다. 순서를 정해 여러 번 나누어 사기로 했다.

"가위 바위 보!"

드디어 순서가 정해졌다. 영석이, 준우, 재욱이 순이었다.

"다녀올게!"

영석이가 뛰어갔고, 준우와 재욱이는 영석이가 꼭 성공하기를 바랐다.

며칠이 지났다. 그동안 셋은 폭죽을 손에 넣지 못했다. 민박 손님에게 부탁하려고 하면, 그 자리에 어김없이 노벨 아저씨가 나타났다. 영석이는 돈을 건네려는 순간에, 재욱이는 지갑을 꺼내려는 순간에, 준우는 부탁하려는 말을 꺼내는 순간에 노벨 아저씨가 나타났다.

준우는 대문 밖에서 자기를 지켜보는 노벨 아저씨와 눈이 딱 마주쳤다.

"어쩐 일이세요?"

노벨 아저씨는 준우 대신 민박 손님에게 말을 걸었다.

"안녕하세요? 요 앞 노벨 슈퍼마켓 주인입니다. 혹시나 해서 드리는 말씀인데, 동네 어린이들이 폭죽을 대신 사다 달라는 부탁을 하면 들어주지 마세요."

준우가 발끈해서 대들었다.

"제, 제가 무슨 폭죽을 사다 달라고 부탁해요?"

"그래서 내가 말했잖니. 혹시나 해서 하는 말이라고."

"아녜요. 아니라고요."

"그럼 다행이고."

노벨 아저씨는 아무 일 없다는 듯이

자리를 떴다.

이후로도 노벨 아저씨는 영석이를 세 번이나 막아 섰고, 재욱이는 엄마에게 들켜서 혼났다. 약이 오른 준우는 친구들과 함께 노벨 슈퍼마켓으로 찾아갔다.

"아저씨는 우리한테 왜 그래요?"

재욱이가 화를 내며 따졌다. 준우와 영석이도 같은 마음이었다. 얼굴을 붉힌 셋에게 노벨 아저씨는 조용히 말했다.

"왜냐고? 어떤 물건은 제대로 다루지 않으면 큰일이 나거든. 폭죽도 마찬가지야."

영석이가 투덜거렸다.

"큰일은 무슨. 파도 아저씨는 아무런 조건 없이 팔았거든요. 그래도 아무 일 없었어요."

"맞아요!"

재욱이와 준우가 영석이 말에 동의했다. 하지만 노벨 아저씨는 단호하게 말했다.

"너희들에게 해 줄 말이 있어. 혹시 화약이 터지는 원리를 아니? 지금은 많이 안정되었지만 예전에는 실험하다가 갑자기 터지는 일이 많았어. 그러다 사랑하는 사람을…… 잃기도 하고. 그래서 못 사게 하는 거야."

노벨 아저씨의 말투는 진지했고 슬프게 들렸다. 더 이상 따질 근거를 찾지 못한 셋은 투덜거리며 돌아섰다.

집으로 돌아온 준우는 노벨 아저씨의 슬픈 표정이 마음에 걸렸다. 그러면서도 한편으로는 폭죽이 꼭 갖고 싶었다. 지금까지 폭죽으로 누군가를 다치게 한 일은 한 번도 없었다. 준우는 어떻게든 폭죽을 손에 넣고 싶었다. 준우는 다시 슈퍼마켓으로 갔다. 문은 열려 있었고, 아저씨는 보이지 않았다.

"계세요?"

아무도 대답하지 않았다. 작은 방 앞에는 신발이 없었다. 슈퍼마켓 안에는 준우만 있다는 뜻이었다.

입안이 바짝 말랐다. 준우는 재빨리 폭죽을 집었다. 심장 소리가 귀에 들릴 정도로 컸다. 돈을 계산대 위에 놓으려는데 작은 리모컨이 눈에 들어왔다. 손바닥에 들어갈 만한 크기였다.

그 순간, 갑자기 텔레비전 화면에서 연기가 피어올랐다.

"텔레비전이 고장 났나?"

　준우는 중얼거리며 리모컨을 들었다. 작은 리모컨 말고 다른 건 보이지 않았다. 작은 리모컨에는 전원 단추가 있어야 할 자리에 이동 단추가 있었고, 채널과 음량을 조절하는 단추는 보이지 않았다. 연기는 점점 더 강해졌고 매캐한 냄새까지 풍겼다. 준우는 급한 대로 이동 단추를 눌렀다. 갑자기 눈앞에 빛이 쏟아지고, 세상이 빙글빙글 돌았다.

　정신을 차리고 보니 준우는 햇볕이 따갑게 내리쬐는 들판에 서 있었다. 준우는 눈을 비비며 고개를 돌렸다. 노벨 슈퍼마켓의 텔레비전에서 보았던 곳과 같은 곳이었다. 준우가 서 있는 곳에서 조금 떨어진 곳에 사람들 몇 명이 걸어 다녔다. 반팔에 반바지를 입은 사람들은 피부가 까맣고 머리가 곱슬거렸다. 준우네 동네에서 봐 왔던 사람들이 아니었다.

사람들의 근처에는 네모난 건물이 세워져 있었다. 마찬가지로 텔레비전에서 늘 보던 건물이었다. 건물 꼭대기에 있는 간판을 본 준우는 눈을 다시 비볐다.

"팡팡센터?"

소름이 돋았다.

텔레비전에서는 알아보기 힘든 글씨로 보였는데, 지금은 선명하게 읽을 수 있었다.

준우는 흙을 한 줌 집어 냄새를 맡았다. 모래처럼 바짝 마른 붉은 흙에서는 동네 모래사장에서 맡을 수 있는 갯내가 나지 않았다.

"도대체 여기는 어디지?"

준우는 리모컨 단추를 다시 눌렀다.

빛이 쏟아지고 약간 어지럽더니 눈앞이 침침했다. 공기 중에 희미하게 갯내가 풍겼다. 햇살이 쏟아지는 벌판이 아니라 형광등 불빛이 있는 노벨 슈퍼마켓이었다.

준우는 리모컨을 계산대에 던지고 슈퍼마켓을 뛰쳐나왔다. 너무 놀라서 폭죽을 가지고 나오지 못했다. 말도 안 되는 일이다.

"아무래도 상상 부작용인가 봐."

모래사장까지 뛰어온 준우는 허리를 숙여 모래 한 주먹을 쥐었다. 동네 어디에서든 흔히 볼 수 있는 모래였고, 갯내가 물씬 풍겼다.

천천히 두 손을 폈다. 왼손에 있는 붉은 흙과 오른손에 있는 모래는 전혀 달랐다. 눈앞이 핑 돌았다.

텔레비전 속으로 쑤욱
• 폭발하는 성질을 가진 화약은 무기로 쓰인다 •

"뜬금없이 뭔 소리야? 조금 전에 아이스크림 사러 갔다가 봤는데 멀쩡했어."

"야, 이준우, 정신 차려. 텔레비전에서 어떻게 연기가 나. 그리고 리모컨이 어쨌다고?"

영석이와 재욱이는 콧방귀를 꼈다.

"햇빛이랑 흙이 달랐어. 거긴 완전 딴 세상이었다니까."

준우는 진지했다. 자신이 본 것을 어떻게든 친구들이 믿게 만들고 싶었다.

"아 진짜, 답답하네. 나도 믿기지 않는데, 아무리 곱씹어 생각

해도 다른 공간으로 이동했던 게 틀림없어. 슈퍼마켓의 텔레비전이 이상한 곳으로 가는 통로였다니까! 믿어 줘."

영석이가 준우의 어깨에 손을 올리고 토닥거렸다.

"그건 네 상상일 거야."

준우는 주머니에서 비닐을 꺼냈다. 그 안에 붉은 흙이 담겨 있었다.

"이 흙은 거기에서 가져왔어. 이래도 내 상상이야?"

영석이가 붉은 흙을 힐끗 보았다.

"알았어, 알았어. 믿어 줄게. 됐지?"

옆에 있던 재욱이는 한술 더 떴다.

"어느 화분에서 퍼 왔어?"

준우의 가슴속이 부글부글 끓었다. 지금까지 친구들을 믿었다. 어떤 상상을 해도 이해해 주는 친구들이 든든했다. 하지만 지금은 준우를 이해하려 하지 않았다. 상상이 아니었는데 친구들이 믿지 않았다. 차라리 자기가 겪은 일이 상상이었으면 좋겠다는 생각이 들었다.

"진짜라니까!"

준우가 버럭 소리를 질렀다. 재욱이는 준우의 심각한 표정을 보고 웃음기를 걷었다.

"차근차근 다시 설명해 봐."

그래서 준우는 연기가 나는 텔레비전과 작은 리모컨, 팡팡센터, 자신이 가져온 붉은 흙을 차례대로 이야기했다. 재욱이는 눈썹을 꿈틀거리며 집중해서 들었고, 들은 체 만 체 하던 영석이도 귀를 기울이기 시작했다.

"그러니까…… 그때 노벨 아저씨는 없었단 말이지?"

"응."

"신발도 없었고?"

"작은 방은 비어 있었어. 불렀는데 대답이 없었다니까."

"리모컨을 누르자 네가 그 화면 안으로 들어갔다는 거고?"

"응."

"수상하긴 하네. 어떻게 그럴 수가 있지? 그런 리모컨이 있다는 말은 처음 들었어. 그게 가능할까?"

재욱이와 준우는 작은 목소리로 이야기를 나누었다. 영석이가 끼어들었다.

"그래서 폭죽은 어떻게 했어?"

"못 가져왔어."

"할 수 없지 뭐. 다음 기회를 노려 보자. 그럼 '노슈감 작전'을 세워 볼까?"

"노슈감 작전?"

"노벨 슈퍼마켓 감시 작전. 지난번에는 나 혼자 감시했는데, 이번엔 셋이서 돌아가면서 함께 감시하는 거지."

영석이 말에 준우가 말을 보탰다.

"뭘 감시하는데?"

"아저씨가 사라지고 슈퍼마켓 문이 열려 있는 때를 노리는 거지. 그럼 폭죽을 살 수 있고, 리모컨도 눌러 볼 수 있잖아. 일석이조라고나 할까?"

셋은 영석이의 작전에 동의했다. 폭죽 쇼 준비와 준우가 겪은 이상한 일을 리모컨으로 확인할 수 있는 작전이었다. 영석이는 오전, 준우는 오후, 재욱이는 저녁 무렵에 슈퍼마켓을 감시하기로 했다. 밤에 재욱이가 집으로 돌아가면 영석이가 잠깐씩 그 앞을 어슬렁거리기로 했다.

노벨 아저씨는 여전히 같은 시간에 사라졌고, 슈퍼마켓 문이 닫혔다. 셋은 닫힌 문을 흔들었고, 커다란 유리창에 얼굴을 바짝 대고 안을 들여다보았다.

"리모컨이 어디 있었다고?"

"계산대에 있었어. 달걀만 하고 납작해."

재욱이는 목을 길게 빼고 계산대를 보려 했다. 장식장이 시야를 가려서 계산대가 제대로 보이지 않았다.

"아, 폭죽이 앞에 있어도 살 수 없는 신세라니!"

영석이가 발부리로 유리문을 툭툭 찼다.

다시 며칠이 지났다. 해가 뉘엿뉘엿 질 때쯤, 재욱이가 단체 문자를 보냈다.

"지금이야. 얼른 와!"

준우는 신발을 대충 구겨 신고 슈퍼마켓 앞으로 달려갔다. 재욱이가 슈퍼마켓 옆에서 발을 동동 구르며 준우를 기다리고 있었다. 불이 켜진 슈퍼마켓 안에 노벨 아저씨의 모습은 보이지 않았다.

"영석이는 전화를 안 받아. 우리만 먼저 들어갈까?"

준우는 고개를 세게 끄덕였다. 재욱이가 문을 열고, 준우가 따라 들어갔다. 슈퍼마켓 안은 조용했고, 텔레비전 화면은 여전히 똑같은 곳을 비추고 있었다. 재욱이가 준우의 옆구리를 툭 쳤다.

"붉은 흙이네."

"그렇다니까."

둘은 목소리를 한껏 낮춰서 속삭였다.

"리모컨부터 찾아보자. 그런 다음에 폭죽을 갖고 나가자. 돈 가져왔지?"

"응."

준우가 리모컨을 찾아왔다. 재욱이는 리모컨을 이리저리 살폈다. 전원 단추 대신 이동 단추가 달려 있는 리모컨이었다.

"이거라고?"

재욱이는 망설이지 않고 이동 단추를 눌렀다.

"안 돼!"

준우가 재욱이의 팔을 잡았다. 하지만 이미 늦었다. 재욱이가 투명해지더니 회오리바람처럼 빙그르르 돌면서 사라졌고, 준우도 재욱이와 마찬가지였다. 눈앞이 빙빙 돌았다. 준우는 눈을 뜨고 지켜보려 했지만 너무 어지러워 눈을 뜰 수 없었다.

다시 눈을 떴을 때, 두 사람은 붉은 흙먼지가 날리는 들판에 서 있었다. 준우가 이동해 왔던 텔레비전 속 들판이었다. 준우는 재욱이에게 바짝 붙어 섰다. 여전히 낯설고 이상한 곳이지만 친구와 함께 있어 무서움이 덜했다. 슈퍼마켓에서는 어스름한 저녁이었는데, 이곳은 한낮이었다.

"도대체 여기는 어디야?"

재욱이가 말을 더듬었다.

"나도 몰라. 아무튼 내 말이 맞지?"

"여기가 어딘지는 상관없어. 다시 돌아가자."

재욱이가 리모컨을 다시 누르려 했다. 준우는 혼자 남겨지지 않도록 재욱이 팔을 붙잡았다.

그때 동그스름한 물체가 굴러왔다. 마른 나뭇잎과 줄기를 둥글게 뭉쳐서 공처럼 만든 물체였다. 고무공이 아니라 튀지 않았고, 굴러오는 속도도 느렸다. 준우는 공을 잡았다.

얼굴이 까맣고 곱슬머리인 흑인 남자아이가 다가왔다. 아이는 목발을 짚고 있었는데 왼쪽 다리가 무릎까지만 있었다. 한 발과 목발로 균형을 잡고 껑충거리며 걸어온 아이가 말을 했다. 아이는 외국어로 말했다.

재욱이가 남자아이에게 말을 걸었다. 재욱이는 그 외국어를 알아듣고 그것과 비슷한 말을 주고받았다. 준우는 재욱이와 남자아이가 하는 말을 알아들을 수 없었다. 남자아이가 준우에게 가까이 다가왔다. 곱실거리는 실 뭉치가 머리에 바짝 붙은 것 같은 머리카락, 까만 피부, 까만 눈동자, 두꺼운 입술을 지닌 아이였다. 남자아이는 준우에게 똑같은 말을 건넸지만 준우는 알아듣지 못했고 재욱이가 아이가 하는 말을 준우에게 전했다.

"그 공을 자기한테 달래."

"어? 어."

준우가 공을 굴리자, 남자아이가 목발로 받았다.

"쟤 이름은 사비티래. 여기가 어느 나라 도시인지는 자기도 잘 모른대. 다리를 다쳐서 어른들이 자기를 여기로 옮겼다는데, 저 병원 이름이 팡팡센터래."

"팡팡센터?"

준우는 직사각형 건물로 눈길을 옮겼다. 지난번에 왔을 때 '팡팡센터'로 읽을 수 있던 글자가 낯선 글자로 보였다. 지난번과 달라진 것이 무얼까 생각하던 준우는 무릎을 탁 쳤다.

"그래, 리모컨! 재욱아, 그 리모컨 좀 줘 봐."

"리모컨?"

"일단 줘 봐. 저 병원 꼭대기에 있는 글자 보이지? 나한테 리모컨을 주고 다시 봐."

재욱이에게 리모컨을 받자 준우는 글자를 읽을 수 있었다. 그뿐 아니라 사비티가 하는 말도 알아들을 수 있었다.

"여긴 다친 애들이랑 가족들이 머무는 병원이야. 우리 엄마는 여기에서 병원 일을 도우시지. 그런데 너희는 어디에서 왔어?"

준우는 대답을 망설였다. 사실대로 말하면 사비티가 믿지 못할 것 같고, 둘러서 말하기엔 핑곗거리가 마땅치 않았다. 준우가 우물쭈물하는 사이, 재욱이는 사비티가 무슨 말을 하느냐고 준우에게 물었다. 그때 흰 가운을 입은 남자가 성큼성큼 걸어왔다.

"맙소사, 너희들!"

노벨 아저씨였다. 흰 가운을 입은 아저씨는 동네에서 보던 슈퍼마켓 아저씨와 전혀 다른 사람 같았다.

"아저씨, 의사였어요?"

재욱이 질문에 노벨 아저씨는 대답 대신 두 사람에게 물었다.

"여길 어떻게…… 설마 휴대용 리모컨을?"

준우는 손에 쥔 리모컨을 흔들었다. 노벨 아저씨는 하얗게 질린 얼굴로 준우에게 말했다.

"일단 돌아가라. 나중에 다시 이야기하자."

하지만 준우와 재욱이는 노벨 아저씨 말을 따를 수 없었다. 생각할수록 궁금한 것 투성이였고, 이 질문에 답할 수 있는 사람은 아저씨뿐이었다.

"잠깐만요. 여긴 어디예요? 그리고 사비티는 왜 다쳤어요?"

"이 리모컨은 뭐예요? 그리고 아저씨 정체는 뭐예요?"

"어떻게 이 리모컨을 가진 사람만 사비티하고 소통을 할 수 있어요?"

"말해 주기 전에는 집으로 돌아가지 않을 거예요."

노벨 아저씨는 준우와 재욱이가 번갈아 가며 쏟아내는 질문을 묵묵히 들었다. 그런 다음 검지를 곧게 폈다.

"좋아, 한 가지만 대답할게. 여기서는 사비티가 다친 이유만 말할 수 있어. 나머지는 돌아가서 이야기해 줄 테니 그것만 듣고서 돌아가. 여긴 너희가 있을 곳이 아니야."

재욱이는 싫다고 했다. 모든 것을 다 알기 전에는 돌아가지 않겠다고 버텼다. 하지만 준우는 노벨 아저씨의 말을 순순히 받아들였다. 한 번에 하나씩 알아내는 것도 나쁘지 않을 것 같았다.

"좋아요. 그럼 사비티 이야기만 해 주세요."

"사비티는…… 지뢰를 밟았어."

"지뢰요?"

"화약으로 만든 폭탄 중 하나지. **폭발하는 성질을 가진 화약은 무기로도 쓰이거든.** 아무튼 땅에 묻어 둔 지뢰를 밟으면, 지뢰가 폭발해 밟은 사람을 다치게 하거나 죽게 만들어. 사비티는 아버지랑 같이 있었는데, 사비티의 아버지는 그 자리에서 목숨을 잃고 사비티는 다리를 잃었어. 자, 일단 여기까지. 나머지는 슈퍼마켓에서 해 줄게."

노벨 아저씨는 사비티가 공을 들고 돌아설 때까지 기다렸다.

그런 다음 곧바로 병원으로 걸어갔다.

"지난번에 아저씨가 화약이 사람을 죽일 수 있다고 한 말, 사실인가 봐."

"그러게. 어쨌든 우린 돌아가자."

준우는 재욱이 손을 꼭 잡고 리모컨을 눌렀다. 빙글빙글 돌면서 몸이 납작해지는 듯하더니 조명이 침침한 슈퍼마켓 안으로 돌아왔다.

"앗, 깜짝이야!"

커다란 가방을 든 영석이가 갑자기 나타난 두 사람 때문에 놀라서 선반에 기댔다.

"오영석, 왜 전화 안 받았어? 우리가 지금 어디 갔다 왔냐 하면……."

준우가 설명하려는데 영석이가 뒤로 물러섰다.

"영석아, 있잖아."

재욱이가 영석이에게 다가갔다. 그러자 영석이는 문 밖으로 후다닥 달아났다.

"쟤 왜 저래?"

"아마 너무 놀라서 그럴 거야."

준우와 재욱이는 리모컨을 제자리에 놓고 슈퍼마켓을 나왔다.

팡팡센터가 있는 들판에는 해가 하늘 한가운데 있었는데 동네는 해가 져서 주변이 컴컴했다.

"라면 먹고 싶다."

"나도. 우리 집에 갈래?"

준우는 재욱이를 데리고 집으로 갔다. 집까지 가는 동안 둘은 각자의 생각에 잠겨 서로 아무 말도 하지 않았다.

준우는 팡팡센터에 다녀온 것이 여전히 꿈인지 생시인지 헷갈렸다. 속이 울렁거려서 맵고 짠 라면 국물이 먹고 싶었다. 다른

날 같으면 영석이도 불렀을 텐데 어째서인지 이날은 그런 생각을 하지 않았다.

신기한 리모컨

• 화약이 들어 있는 물건은 보관하고 사용하는 데 신중해야 한다 •

영석이가 며칠째 보이지 않았다. 영석이 엄마는 영석이가 친구 집에 있을 거라고 했다. 하지만 준우와 재욱이 집뿐만 아니라 동네 어디에서도 영석이를 만날 수 없었다. 땅으로 꺼지거나 하늘로 솟은 것 같았다. 처음 있는 일이었다.

"아직 못 찾았어?"

"응. 너도?"

"응, 무슨 일이냐, 대체?"

준우와 재욱이는 영석이를 계속 찾아다녔다. 하지만 영석이는 꽁꽁 숨어서 나타나지 않았다.

"준우야, 노벨 아저씨 말이야. 아무리 봐도 수상해."

"그건 말 안 해도 알아."

"아니, 그거 말고. '노벨'이라는 이름 말이야. 어디서 들어 본 것 같지 않아?"

준우는 노벨, 노벨 하고 중얼거렸다. 처음부터 그 이름이 낯설지 않았다. 외국인 이름이 익숙하긴 어려운데 아저씨 이름은 그렇지 않았다. 건우 삼촌, 재욱이, 영석이처럼 자주 들어 본 이름 같았다. 어디에서 들어 봤던 이름인지 곰곰이 따져 보았다. 그러다 그 이름과 붙은 한 단어가 떠올랐다.

"노벨상의 그 노벨?"

"빙고! 그 노벨은 다이너마이트를 만든 사람이야."

준우는 머릿속에 얽혀 있던 생각들을 떠올렸다. 하지만 생각이 가지를 펴지 못하고 툭툭 끊겼다.

"그럼 슈퍼마켓 아저씨가 그 노벨이라는 소리야?"

"그 사람은 세상을 떠난 지 오래됐어. 다이너마이트로 돈을 많이 벌었는데, 자신이 모은 돈으로 상을 만들라고 유언장을 남겼대. 처음에는 평화, 문학, 물리학, 화학, 의학, 이렇게 다섯 개 분야에 상을 줬는데, 나중에 경제학상이 추가되었대. 1년에 한 번씩 그 분야에서 돋보이는 사람들에게 상과 상금을 주는 거지.

두 사람 이름이 비슷하긴 해. 그런데 노벨상을 만든 사람은 성이 노벨이고, 이름은 알프레드거든."

"슈퍼마켓 아저씨 이름은 베르……, 아무튼 베르 어쩌고 노벨이랬잖아."

"그랬나? 아무튼, 뭔가 냄새가 나. 팡팡센터도 그렇고 우리한테 폭죽을 안 파는 것도 그렇고. 분명히 뭔가 있는데 그게 뭔지 잘 모르겠어."

"그러게."

둘은 영석이를 찾아 학교 운동장을 한 바퀴 돌았고, 교실과 특별실까지 들렀다. 하지만 영석이는 보이지 않았다. 그래서 다시 영석이네 집으로 갔다. 그물을 손질하던 영석이 아빠가 둘을 맞았다.

"아직 못 만났어? 참, 너희들 슈퍼마켓 노 씨가 찾더라."

"슈퍼마켓 노 씨요?"

"노벨 씨라고 부르기가 영 성가셔서 노 씨라고 불러. 노 씨는 괜찮다고 하던데?"

준우와 재욱이는 쿡쿡 웃었다. 노벨 아저씨를 노 씨라고 부르다니. 다른 사람들이 말려도 아저씨는 노벨 아저씨를 계속 노 씨라고 부를 것이다. 영석이처럼 영석이 아빠도 무언가에 한 번 꽂

히면 그걸 꼭 해야 했다. 영석이가 지닌 엉뚱함은 아빠를 닮은 듯했다.

노벨 아저씨는 슈퍼마켓 선반에 물건을 놓고 있었다.

"어서 오렴. 우리 이야기 좀 할까?"

노벨 아저씨가 작은 방으로 들어갔다. 준우와 재욱이는 아저씨를 따라 들어갔다.

파도 아저씨가 슈퍼마켓 안의 작은 방에서 가족과 살 때에는 작은 방이 자주 열려 있었는데, 그때는 그 방에 세 식구가 살아서 살림이 많고 복잡했다. 하지만 노벨 아저씨가 쓰는 지금은 살

림살이가 단출했다. 노벨 아저씨는 침대 너머를 가리켰다. 거기에는 작은 문 하나가 나 있었다. 그 안으로 들어가자 과학 실험실 같은 공간이 나타났다. 서랍장, 낮은 탁자, 선반이 있었고, 선반 위에는 유리관, 비커, 알코올 램프 같은 도구들이 놓여 있었다. 유리관에는 액체부터 고체까지 다양한 물질들이 들어 있었

다. 해골 표시나 '위험'이라고 표시된 라벨이 붙은 유리관도 있었다. 재욱이는 유리관에 붙은 이름표를 하나씩 살폈는데, 위험 표시가 붙은 유리관은 더 오래 노려보았다. 준우는 선반의 가장 끝에 있는 복잡한 장치 앞에 섰다.

장치는 나무틀에 끼워져 있고, 나무틀 위에는 팡팡센터 건물 꼭대기에 있던 글자가 새겨져 있었다. 플라스크 다섯 개가 유리관으로 연결되어 있었는데, 한 플라스크에 모인 액체가 그 다음 플라스크로 떨어지게 설치되어 있었다. 첫 플라스크는 높은 선반 위에 있었고, 마지막 플라스크는 맨 아래 선반 위에 있었다. 첫 플라스크 안에 있던 액체는 다른 플라스크를 거치면서 양이 점점 줄어들었다.

세 사람은 낮은 탁자에 둘러앉았다.

"자, 궁금한 것들이 많을 텐데 하나씩 설명해 주마. 무엇부터 할까?"

노벨 아저씨의 말이 끝나기 무섭게 재욱이가 물었다.

"팡팡센터요. 실제로 있는 병원이에요? 아니면 저희가 꿈을 꾼 건가요?"

준우도 궁금한 것을 물었다.

"아저씨가 팡팡센터는 비행기로 가야 할 만큼 먼 곳이라고 했잖아요. 그런데 우리는 리모컨 하나로 휙 갔다 왔어요. 그러니까 전혀 다른 차원으로 이동한 것처럼 말이에요. 붉은 흙, 사비티, 노벨 아저씨, 팡팡센터까지. 모두 진짜인 것 같은데……."

준우는 말끝을 흐렸다. 노벨 아저씨는 고개를 끄덕이며 두 사람의 이야기를 들었다. 그러고는 한 손으로 턱을 괴었다.

"팡팡센터는 아프리카 대륙에 있단다."

"아프리카?"

"정말 그렇게 먼 곳에 팡팡센터가 있다고요?"

"그래. 진짜 있는 병원이야. 하지만 내전이 워낙 자주 일어나는 곳이라서 그 병원의 존재를 다른 나라 사람들은 모른단다."

"내전이 뭐예요?"

"한 국가 안에서 벌이는 전쟁이지. 이해관계가 다르거나, 서로 부족이 다른 이유 등으로 벌이지. 팡팡센터가 있는 곳은 서로 다른 부족들끼리 싸움이 있는 지역인데다가 경제적인 문제까지 겹쳤어. 그래서 다른 지역보다 피해가 심하고, 많은 아이들이 다치고 있단다."

한 나라에서 벌어진 전쟁으로 다치는 사람들이 있고, 사비티처럼 심각한 부상을 입는 아이들이 있다는 사실은 충격이었다. 게다가 팡팡센터가 그런 곳에 있다는 건 더 충격이었다.

재욱이가 물었다.

"왜 그런 곳에 병원이 있어요?"

"왜라니? 다친 사람들이 있으니 병원이 있는 게 당연하지."

이번에는 준우가 물었다.

"위험하잖아요."

노벨 아저씨가 씁쓸한 미소를 머금고 대답했다.

"위험하지만 다치거나 죽어 가는 아이들을 살리려면 병원을 설립하고 후원하는 방법밖에 없단다. 나는 슈퍼마켓 주인이지만, 또 한편으로는 과학자이자 발명가로 일하지. 처음에는 내가 세운 병원에 비행기를 타고 가는 것보다 빨리 갈 방법을 찾다가 공간 이동 리모컨을 만들었어. 팡팡센터를 세울 때만 해도 그곳에 심각한 부상자는 드물었어. 하지만 지금은 심하게 다치는 사람의 수가 점점 늘어나고 있지. 게다가 전쟁이 더 심해지면서 비행기도 안 다니는 탓에 이 리모컨이 없으면 병원에도 갈 수 없게 됐지."

준우는 아저씨에게 얼굴을 바짝 갖다 댔다.

"아무튼 리모컨으로 시간과 공간을 이동하는 게 가능하다는 거죠? 제가 경험한 게 상상이 아니라 진짜인 거죠? 맞죠?"

노벨 아저씨가 준우의 눈을 똑바로 보았다. 확신을 품은 푸른 눈동자가 반짝였다.

"나도 준우처럼 공상을 아주 많이 하는 사람이란다. 옛날부터 머릿속으로 막연히 떠올리며 생각하던 걸 실제로 만들어서 다른 사람들에게 보여 주곤 했어. 리모컨도 팡팡센터로 안전하게 가는 방법을 찾고 싶은 내 상상에서 출발한 발명품이지. 리모컨이 고장 나면 큰일이니까 비상용으로 하나 더 만들었는데, 너희들이 그걸 눌러서 팡팡센터까지 오게 될 줄은 몰랐어. 그건 내 실수였어."

"실수였다고요?"

"그래. 앞으로는 그런 사고가 나지 않게 조심할 테니 걱정하지 마. 그리고 팡팡센터에 다녀온 건 비밀로 해 주었으면 좋겠구나. 내가 만든, 팡팡센터로 가는 방법이 알려지지 않았으면 해."

노벨 아저씨가 탁자에서 일어났다. 그러고는 손짓으로 문밖을 가리켰다. 이제 그만 나가 달라는 뜻이었다.

노벨 아저씨에게 팡팡센터에 대한 이야기를 들었는데도 답답한 마음은 가시지 않았다. 둘은 천천히 걸으며 바람을 맞았다. 갯내를 머금은 바람이 제법 강하게 불었다.

"준우야, 노벨 아저씨 말 믿어?"

"못 믿을 건 또 뭐야? 너도 직접 봤잖아. 심지어 팡팡센터의 아이랑 말까지 나눴으면서."

"노벨 아저씨가 그 리모컨을 만들었다면 진짜 신기한 발명품이잖아. 시간과 공간을 뛰어넘는 기계라니. 나는 상상도 안 해 봤어. 게다가 더 신기한 건 리모컨을 갖고 있으면 리모컨으로 건너간 지역의 말이 들리고 그 나라 글자도 읽을 수 있잖아."

"난 전에 작은 기계로 낯선 세상을 오갈 수 있으면 좋겠다고 상상한 적이 있었어. 우리 동네 모래사장에 앉아서 바로 다른 나라의 사막으로 가고 싶다고 생각한 적도 있고, 불꽃 쇼를 보러 슝 하고 가고 싶기도 했어. 노벨 아저씨와 내가 다른 건 난 상상만 했고, 아저씨는 그걸 실제로 만들었다는 거야. 저렇게 대단한 걸 만든 다음 세상에 알리지도 않았어. 노벨 아저씨의 진짜 정체는 뭘까?"

길을 따라 걷던 준우와 재욱이는 그물을 정리 중인 영석이의 아빠를 만났다.

"아직 영석이 못 만났냐?"

"네, 안 들어왔어요?"

"응. 그 녀석이 요즘 영 딴 세상에 가 있는 것 같던데. 혹시라도 영석이 보면 집으로 오라고 해라."

"예."

골목을 벗어나서 큰길로 나섰다. 준우와 재욱이는 팡팡센터에 대한 이야기를 계속 주고받았다. 노벨 아저씨는 잊으라고 했지만 두 아이에겐 결코 잊을 수 없는 경험이었다. 뜨거운 햇살, 잘 튀지 않는 공, 목발, 검은 피부, 큰 눈동자, 두꺼운 입술, 사비티의 모든 것이 생생했다.

"다시 가고 싶다."

"나도."

준우는 발로 땅을 툭툭 쳤다. 발길질에 마른 모래가 날렸다. 붉은 흙을 날리며 사비티와 잘 구르지 않는 공을 차 보고 싶었다. 사비티뿐 아니라 다른 친구들도 사귀고 싶었다. 서울에 가서 불꽃 쇼를 보지 못하는 것보다 앞으로 팡팡센터로 가지 못한다는 게 더 아쉬웠다.

그때, 펑 하고 큰 소리가 났다. 준우와 재욱이가 놀라 두리번거리는 사이 펑, 펑펑, 펑 하는 소리가 연이어 터졌다.

"영석이네 집 근처잖아?"

준우와 재욱이는 앞서거니 뒤서거니 뛰었다. 숨이 턱에 닿도록 뛰면서 소리가 나는 방향으로 몸을 틀었다. 폭발 소리는 영석이네 집 뒤편에 있는 언덕에서 들려왔다. 어른들이 양동이에 물을 채워 들고 언덕으로 올라가고 있었다.

소리가 사라지고 매운 연기가 피어올랐다. 눈이 따가웠다. 준우는 눈물을 흘렸고, 재욱이는 기침을 했다. 바람에 흩어지던 연기가 점점 짙어졌다. 연기가 피어오르는 곳에 불꽃이 널름거리며 번져 갔다. 어른들이 양동이에 든 물을 연기가 나는 곳에 뿌렸다. 그러나 양동이에 든 물은 그리 많지 않았다. 사그라지던

연기가 다시 짙어졌다. 짙은 연기 속에 어떤 아이가 두 손으로 귀를 막고 몸을 웅크리고 있었다. 준우는 웅크린 아이가 누군지 한눈에 알아보았다.

"영석이니?"

영석이가 고개를 들었다.

"준우야, 재욱아!"

영석이가 몸을 일으키려고 했다. 그때 펑 소리가 다시 났다.

"엄마야!"

영석이는 엉덩방아를 찧었고, 다가가던 준우와 재욱이는 그

자리에서 주춤했다.

"애들아, 물러서!"

연기를 휘저으며 노벨 아저씨가 다가왔다. 아저씨는 소화기를 들고 연기가 나는 쪽으로 뛰어갔다. 곧이어 소화 분말이 영석이의 근처에 뿌려졌다.

연기가 차츰 잦아들자 불분명했던 것들이 제대로 보였다. 편평했던 땅에 비스듬하게 구덩이가 파여 있었고 그 옆에 영석이가 주저앉아 있었다. 영석이는 흙먼지와 검댕이가 묻어 엉망진창인 얼굴로 울고 있었다. 준우와 재욱이가 영석이의 옆으로 다가갔다.

구덩이 근처에는 불에 그슬린 폭죽 포장지와 검게 탄 폭죽들이 널려 있었다.

"으윽!"

갑자기 노벨 아저씨가 가슴을 부여잡고 비틀거렸다.

"이봐, 노 씨. 괜찮아요?"

"슈퍼마켓 사장이 놀랐나 보네. 괜찮소?"

동네 어른들이 걱정스럽게 물었다.

노벨 아저씨는 떨리는 손으로 목걸이에 달린 캡슐을 열어 알약을 꺼내 먹었다. 그리고 조금 시간이 지나자 나아진 듯 몸을 일으켰다. 그리고 영석이에게 말했다.

"영석아, 이 폭죽은 어디서 났어, 응? 이 정도면 꽤 많은데. 내가 안 된다고 했잖아!"

"그, 그게 아니라, 워, 원래 여기 있었어요."

"폭죽이 하늘에서 떨어지거나 땅에서 솟아날 리는 없잖아. 진짜 어디서 났는지 말해!"

"누, 누가 줬어요."

"누가? 그리고 난 누구에게도 이렇게 많은 폭죽을 판 적이 없는데."

"하여튼 전 아니에요. 전 몰라요!"

"오영석! 사실대로 말해!"

노벨 아저씨가 목소리를 높였다. 그러자 영석이 아빠가 끼어들었다.

"그건 노 씨 아저씨 말이 맞다. 똑바로 말해. 바로 껐으니 망정이지 안 그랬으면 마을까지 불길이 옮겨 붙었을 수도 있었어."

동네 어른들도 영석이에게 얼른 말하라고 재촉했다. 영석이는 울먹이며 입을 열었다.

"며칠 전에 아저씨는 안 보이고, 흑, 흑, 계산대에 돈은 놓았어요. 용돈 다 털어서…… 폭죽을 가방에 넣고…… 아저씨 몰래 여기에 묻었는데……."

준우는 재욱이와 팡팡센터에 다녀온 날 슈퍼마켓에서 영석이를 마주쳤던 일을 떠올렸다. 그때 영석이는 커다란 가방을 메고 도망치듯이 슈퍼마켓을 빠져나갔다.

"폭죽이 얼마나 위험한 물건인지 몰랐어? 조금만 소홀히 해도 큰일이 난다고! **화약이 들어 있는 물건은 보관하고 사용하는 데 신중해야 해.** 왜 이렇게 어리석은 일을 벌였니?"

영석이가 콧물을 들이마시며 엉엉 울었다. 미안함과 놀란 마음이 한꺼번에 녹아 있는 눈물이었다.

노벨 아저씨는 몸이 불편한 듯 천천히 걸음을 옮겼고, 어른들도 하나 둘씩 자리를 떴다. 영석이는 아빠 손에 끌려가며 중얼거렸다.

"나는 그냥…… 불꽃 쇼를 하고 싶었어."

"알아."

"이렇게 될 줄 몰랐다니까."

"안다고. 그리고 아저씨가 왜 저렇게 화를 내는지도 난 알아."

"네가 그걸 어떻게 알아?"

영석이의 물음에 준우는 어떻게 대답해야 할지 막막했다. 그건 재욱이도 마찬가지였다.

"그냥 알아."

영석이가 아빠와 언덕을 내려간 뒤 준우와 재욱이는 오랫동안 그 자리에 앉아 있었다.

사흘이 지났다.

어른들은 영석이와 마주치면 폭죽과 화재를 입에 올렸다.

"그 근처에 나무가 있었으면 언덕을 홀랑 태울 뻔했지. 큰일 낼 놈이네."

"슈퍼마켓 노 씨 아니었으면 불길이 마을까지 올 수도 있었잖아? 가만 보면 슈퍼마켓 노 씨도 보통 사람은 아니라니까."

어른들은 준우와 재욱이에게도 당부했다.

"니들도 딴 구덩이에 폭죽 묻어 둔 거 있으면 얼른 말해. 동네에 큰불 일으키지 말고."

처음에는 어른들이 그런 말을 해도 아무렇지 않았지만, 자꾸 듣자니 짜증이 났다.

"듣기 좋은 노래도 한두 번 들으면 지겹다는데, 좀 심하다. 그렇지, 영석아?"

영석이는 대답하지 않았다. 폭죽이 터진 그날부터 영석이의 어깨는 축 처져 있었고, 입가의 미소도 사라졌다. 영석이는 입을 다문 채 힘없이 학교를 오갔다.

준우는 영석이가 축 처져 있자 상상을 펼치는 것도 제대로 되지 않았다. 덩달아 재욱이도 기운이 없다고 했다.

준우는 영석이의 기분을 풀어 주려고 안 추던 춤을 추었고, 재욱이는 웃기는 이야기를 찾아 와서 영석이에게 들려주었다. 이 모든 것은 그동안 영석이가 친구들을 위해 하던 일이었다.

하지만 영석이는 웃지 않았다. 모든 것이 귀찮다는 듯 한숨을 길게 쉬며 두 사람을 피했다.

"우리끼린 해결할 수 없겠다."

"맞아. 도움을 받자."

둘은 노벨 슈퍼마켓을 찾아갔다. 노벨 아저씨는 큰 배낭에 과자를 담고 있었다.

"아저씨, 좀 도와주세요."

"영석이가 영 딴 사람 같아요. 어떻게 하면 될까요?"

노벨 아저씨는 고개를 가로저었다.

"영석이에겐 시간이 필요해. 이제껏 한 번도 갖지 않았던 시간이겠지."

"무슨 시간요?"

"자신을 돌아보는 시간, 안전을 생각하는 시간, 다른 사람을 배려하는 법을 고민하는 시간. 이런 모든 시간이 지나가야지."

노벨 아저씨는 별일 아니라는 듯 계속해서 배낭에 과자를 넣었다. '팡팡센터에서 가장 인기 있는 간식'이라는 설명이 붙은 과자들이었다. 오후 5시가 되기 전에 팡팡센터에 가져갈 간식을 챙기려는 모양이었다.

준우는 영석이에게 시간이 필요하다는 노벨 아저씨의 말을 받아들일 수 없었다. 시간이 필요하다면 왜 하필 지금일까? 친구들하고 보내면 안 되는 시간일까? 노벨 아저씨에게 묻고 싶은 말이 여럿이었지만 가장 묻고 싶은 말은 딱 하나였다.

"어쨌든 이 슈퍼마켓에서 파는 폭죽이었잖아요. 아저씨가 우리가 폭죽을 못 사게 하지 않았더라면 폭죽을 사고 싶다는 생각은 진작에 접었을 거예요."

노벨 아저씨가 과자 선반에서 손을 뗐다. 재욱이가 준우에게 그런 말을 하지 말라며 팔을 잡아당겼으나 준우는 꼿꼿이 서서 버텼다. 노벨 아저씨가 준우에게 다가왔다.

"준우야, 우리 할아버지의 할아버지는 알프레드 노벨이란다."

"알프레드 노벨? 노벨상 만든 그 노벨이오?"

"맞아. 그분은 화약에 미쳤다는 말을 들을 정도로 평생을 화약에 매달렸어. 그러다 화약 폭발로 동생을 잃었어. 다른 사람들 같으면 화약 실험을 그만했을 거야. 하지만 안 그랬어. 안전한 화약을 만들겠다고 결심했거든. 그 이후로도 사고는 많이 일어났어. 터지고 깨지고 폭발하고, 사람도 많이 죽거나 다쳤어. 그래서 알프레드 할아버지는 '죽음의 상인'이라는 별명까지 얻었지."

준우와 재욱이는 노벨 아저씨가 하는 말을 가만히 들었다.

"나는 알프레드 할아버지를 싫어해. 그래서 다르게 살기 위해 노력하는 중이지. 화약이 들어간 무기 때문에 다친 아이들을 돕는 것도 바로 그 때문이란다."

노벨 아저씨는 더 이상 말을 하지 않겠다는 듯 선반을 향해

돌아섰다. 노벨 아저씨의 등 위로 웅크린 영석이가 겹쳐 보였다. 재욱이가 그만 나가자며 준우를 잡아당겼지만 준우는 버텼다.

"그래도 아저씨, 영석이를 도울 방법을 알려 줘요. 아저씨는 병원에서 마음에 상처 받은 아이들도 봤잖아요."

노벨 아저씨가 두 손으로 선반을 잡았다.

"전쟁은 참혹한 것들 중에서도 가장 참혹한 것이며, 모든 범죄 가운데 가장 큰 범죄란다. 그래서 갈등을 전쟁 없이 해결하는 것이 중요하지."

수수께끼 같은 말을 끝으로 노벨 아저씨는 입을 닫았다.

댕댕댕댕댕. 작은 방에 걸린 괘종시계가 다섯 번 울렸다.

"이제 난 가 봐야 해. 그만 나가 주겠니?"

준우는 재욱이 손에 슈퍼마켓에서 끌려 나왔다. 하지만 두 아이는 슈퍼마켓을 떠나지 못하고 문 앞을 서성였다.

노벨 아저씨는 준우와 재욱이를 못 본 척하고, 슈퍼마켓 문을 잠갔다. 그러고는 커다란 배낭을 어깨에 메고 텔레비전 앞으로 걸어갔다.

노벨 아저씨는 텔레비전 앞에 한참을 서 있다가 리모컨의 버튼을 눌렀다. 그러자 번쩍하는 빛과 함께 온데간데없이 사라졌다. 준우와 재욱이는 하는 수 없이 발걸음을 옮겼다.

준우는 재욱이가 집에 들어간 뒤에도 동네를 돌며 영석이와 노벨 아저씨에 대해 생각해 보았다. 아무리 영석이가 잘못을 했다고 해도 이대로 둘 수는 없었다.

무슨 방법을 써서라도 영석이의 웃음을 찾아 주고 싶었다.

하지만 노벨 아저씨 말고는 마땅히 다른 방법이 떠오르지 않았다. 그날 밤 준우는 영석이에 대한 걱정과 노벨 아저씨에 대한 서운한 마음에 잠을 이루지 못했다.

노벨의 꿈이 담긴 다이너마이트

• 나이트로글리세린에 규조토를 섞으면 안전하게 쓸 수 있다 •

영석이는 더 이상 노벨 슈퍼마켓 근처에 가지 않았다. 준우를 만나러 올 때는 슈퍼마켓 앞을 지나는 대신 멀리 빙 둘러서 왔다. 재욱이를 만나러 올 때도 지름길 대신 큰 길을 따라 걸어왔다. 슈퍼마켓에 가야 하는 심부름은 나 몰라라 했다. 덩달아 준우와 재욱이도 슈퍼마켓에 가는 횟수가 줄어들었다.

보다 못한 영석이의 엄마가 준우와 재욱이를 불렀다.

"영석이가 잘한 건 아닌데, 그렇다고 저렇게 그냥 둘 수는 없잖니. 좋아하는 아이스크림을 사 먹으라고 해도 슈퍼마켓을 안 가. 하루에 몇 번씩 슈퍼마켓을 드나들던 놈이 왜 저런다니? 재

좀 달래 봐."

영석이의 아빠는 노벨 아저씨를 찾아갔다.

"영석이가 잘못을 한 건 맞는데, 그렇다고 저렇게 계속 둘 순 없잖소. 애가 호기심이 넘쳐서 그렇지 악의는 없는 애요. 노 씨, 애 좀 달래 줘요. 부탁 좀 할게요."

재욱이도 심드렁한 영석이를 달랬다.

"노벨 슈퍼마켓에 새 아이스크림이 들어왔다던데 같이 사러

가자."

"싫어. 너나 가."

"네가 좋아하는 초코 범벅이랑 비슷한데 훨씬 더 맛있어."

"거기 가면 뭐 해? 가면 폭죽 생각이 날 테고, 그러면 불꽃 쇼가 생각날 테고, 불 낼 뻔한 일이……. 노벨 아저씨는 나한테 아직 화가 많이 났겠지?"

준우도 영석이를 달랬다.

"영석아, 노벨 아저씨의 할아버지의 할아버지가 알프레드 노벨인데, 화약 실험으로 동생을 잃었대. 그래서 우리한테 폭죽을 안 팔았던 거래."

"그런데?"

"아이 참, 그런데는 무슨 그런데야? 아저씨가 못 사게 하니까 더 사고 싶었던 거잖아. 우리도 그랬거든. 하지만 팡팡……."

"야, 이준우!"

재욱이가 준우의 옆구리를 팔꿈치로 찔렀다. 준우는 팡팡센터에 대해 말하려던 입을 두 손으로 틀어막았다.

"난 집에 갈래."

영석이는 찬바람을 일으키며 쌩 하고 돌아섰.

영석이를 달래려다 오히려 영석이의 기분을 더 나쁘게 만든 것 같았다. 재욱이도 뾰족한 수를 찾지 못했다. 둘은 땅이 꺼져라 한숨을 내쉬었다.

"재욱아, 우리 이러다 삼총사도 못하겠다."

"그것뿐이냐? 사는 게 심심하다."

"그러니까…… 우리 운동장에서 공이나 찰까?"

"어떤 공, 나무 공?"

준우는 자기 가슴팍을 주먹으로 때렸다. 이제껏 영석이는 준우가 상상하던 모든 것을 받아 주었다. 그런데 영석이가 가장 힘들어하는 지금, 영석이의 고민보다 지켜야 할 비밀을 먼저 생각했다. 노벨 아저씨와 한 약속이 소중했지만 우정도 소중했다.

준우는 할 수 있는 모든 상상을 펼쳤다. 이 상황을 바꿀 수 있는 상상, 영석이가 예전처럼 잘 지낼 수 있는 상상이 필요했다. 그런데 어떤 상상을 하더라도 늘 같은 벽에 부딪혔다.

"그때 영석이도 같이 갔어야 해. 그랬으면 이런 일도 없었을 텐데."

"이게 다 노벨 아저씨 때문이야."

"맞아."

투덜거리는 두 아이의 뒷머리를 누군가 툭 쳤다.

"아야!"

"누구야?"

뒤를 돌아보니 노벨 아저씨가 새파란 눈동자로 둘을 쏘아보고 있었다.

"이 녀석들이 남 뒷, 뒷…… 뭐더라?"

노벨 아저씨가 적당한 단어를 찾지 못해 끙끙거렸다. 재욱이는 쿡쿡 웃으며 말했다.

"뒷담화요?"

"맞아, 그 단어였어. 뒷담화를 왜 해?"

준우는 아저씨와 눈싸움을 하듯 똑바로 바라보았다.

"아저씨, 영석이한테 팡팡센터를 알려 주고 싶어요. 영석이도 팡팡센터에 다녀오면 아저씨의 마음도 이해할 수 있을 거예요. 물론 아저씨랑 한 약속을 어겨야겠지만요."

"약속을 무시하고 규칙을 어기겠다고? 어린이들에게 폭죽을 팔지 않겠다는 내 규칙을 무시하더니 또 제멋대로 굴려는구나."

"그건 아저씨가 일방적으로 정한 규칙이잖아요. 처음부터 왜 폭죽을 안 파는지 미리 설명했으면 얼마나 좋아요? 팡팡센터가 어떤 병원인지, 그 병원에 있는 애들이 왜 다쳤는지, 이런 이야기를 영석이가 알았으면 폭죽을 그렇게 사고 싶어 하지 않았을 거예요. 아저씨도 영석이 입장이 되어 봐요. 걔는 불꽃 쇼를 보고 싶었던 거예요."

"불꽃 쇼?"

준우는 노벨 아저씨에게 불꽃 쇼에 대해 털어놓았다. 건우 삼촌이 말을 꺼냈던 모래사장, 친구들과 함께 불꽃 쇼에 가게 되었다고 좋아하던 영석이, 갑자기 혼자 서울로 간 건우 삼촌, 불꽃 쇼를 보고 싶었던 세 친구, 그리고 노벨 아저씨가 만든 규칙을 말했다.

준우가 잠깐 쉬면 재욱이가 말을 이었다. 끝까지 듣고 난 노벨 아저씨가 고개를 끄덕였다.

"그러고 보니 나도 너희를 오해했구나. 내 원칙만 내세웠던 건 사과해야겠다. 영석이가 지금 어디에 있는지 아니? 찾아서 폭죽이 터진 구덩이로 데려올 수 있겠니?"

"네. 찾아서 데려갈게요."

재욱이는 노벨 아저씨의 말이 끝나기 전에 먼저 뛰었다. 준우도 덩달아 뛰었다.

집에 있던 영석이는 노벨 아저씨를 만나려 하지 않았다. 하지만 재욱이와 준우는 영석이 양팔에 팔짱을 끼고 함께 언덕을 올랐다.

구덩이 앞에 앉아 있던 노벨 아저씨가 세 아이를 맞았다. 폭발이 일어났던 날은 경황이 없어서 제대로 보지 못했는데, 구덩이는 사람이 들어가서 앉을 수 있을 정도로 깊게 파여 있었고, 그 주변의 풀은 완전히 탄 상태였다.

"영석이가 며칠 사이에 핼쑥해졌네. 오늘은 아저씨가 할 말이 있어서 보자고 했어. 이 구덩이를 보면 알겠지만 화약은 잘 쓰면 광산과 터널 등을 만드는 일을 할 수 있어. 다이너마이트라고 들어 봤지?"

"네, 길쭉하고 심지가 달린 거잖아요. 불 붙인 심지가 다 타

들어가면 뻥 하고 터져요!"

재욱이가 손으로 다이너마이트 길이와 심지가 타 들어가는 모양을 흉내 냈다. 터지는 부분을 이야기할 때는 두 팔을 벌려 흔들었다. 그 모습을 본 영석이가 피식 웃었다. 그러자 재욱이가 팔을 더 크게 흔들었다. 준우도 영석이의 웃는 얼굴을 보자 기분이 조금 나아졌다.

노벨 아저씨도 영석이를 보고 빙그레 웃었다.

"다이너마이트는 우리 할아버지의 할아버지인 알프레드 노벨이 발명했어. 다이너마이트가 발명되기 전에는 나이트로글리세린이라는 액체를 썼단다. 나이트로글리세린은 강력한 폭발력을 갖고 있지만, 액체이기 때문에 불안정했고, 쉽게 폭발하는 탓에 운반하는 배가 폭발하기도 했어. 알프레드 노벨 할아버지는 나이트로글리세린을 안전하게 만들고 싶은 꿈이 있었어. 그걸 실험하던 중에 폭발 사고가 일어나 동생뿐만 아니라 수많은 사람들이 목숨을 잃기도 했어. 알프레드 할아버지는 멈추지 않았어. 그리고 **나이트로글리세린에 '규조토'라는 흙을 섞으면 안전하게 쓸 수 있다**는 것을 알아냈지."

준우는 알프레드 노벨이 안전한 화약을 만들기 위해 노력하는 모습을 상상했다. 다이너마이트가 화약을 안전하게 쓰기 위한

발명품이라는 사실도 새로웠고, 그것이 알프레드 노벨의 꿈이었다는 사실은 더 놀라웠다.

"너희들은 꿈이 뭐니?"

노벨 아저씨의 질문이 가슴에 콕 박혔다.

재욱이가 먼저 대답했다.

"큰집에 사는 할머니가 치매를 앓아서 절 못 알아보세요. 치매 치료약이 빨리 발명되서 예전처럼 할머니가 잘 지내는 게 제 꿈이에요. 혹시 아저씨 목걸이에 있는 약이 치매에도 도움이 되나요?"

노벨 아저씨가 집게손가락으로 목걸이 끝에 달린 캡슐을 가리켰다.

"이 약은 협심증 약이야."

"협심…… 그게 뭐예요?"

"갑자기 심장이 아파 오는 병. 내가 앓고 있는 병이지. 나이트로글리세린으로 만든 이 약은 공기와 빛에 예민하단다."

노벨 아저씨 옆에 있던 영석이가 뒤로 물러났다.

"혹시 그 약도 터져요?"

"하하하, 아니야. 그런 일은 없어. 재욱아, 치매 치료 약이 필요하면 네가 만들면 되잖아. 한번 도전해 보렴. 알프레드 할아버지가 나이트로글리세린을 터지지 않게 만들려고 애쓴 덕분에

내가 이 약을 갖고 다닐 수 있게 된 것처럼, 너도 계속 노력하면 만들 수 있을 거야."

노벨 아저씨의 말에 재욱이가 고개를 끄덕였다. 이번에는 영석이가 입을 열었다.

"저는 과학자가 되고 싶어요. 그런데 이런 시골 동네에서 과학자가 되긴 힘들대요. 건우 삼촌이 그러는데, 서울이나 큰 도시에는 어릴 때부터 과학 공부를 따로 하는 친구들이 많대요. 영재 과학 교실이라나 뭐라나. 내가 원해서 여기 태어난 것도 아닌데 어쩔 수가 없다니까요. 그래서 제 꿈은 이룰 수 없는 꿈이에요."

영석이가 한숨을 섞어서 이야기하자 준우도 덩달아 한숨을 쉬었다. 준우는 멋진 꿈을 꾸는 친구들이 부러웠다. 늘 붙어 다녔지만, 친구들이 어떤 꿈을 꾸었는지 처음 들었다.

"장소는 중요하지 않단다. 네가 마음만 먹으면 길이 생겨. 대신 조금 굳세게, 힘차게 먹어야지. 지금처럼 처음부터 안 될 거라고 생각하면 생길 길도 없어져."

노벨 아저씨가 영석이의 어깨에 손을 올렸다. 처져 있던 영석이의 어깨가 조금 올라갔고 굳어 있었던 얼굴도 펴졌다.

"자, 준우의 꿈은 뭐니?"

"저는…… 잘 모르겠어요."

"그래?"

"상상하기를 좋아하는데, 그 상상을 밖으로 꺼내서 표현하는 건 힘들어요. 어떨 때는 내가 하는 상상이 전부 쓸모없는 것 같기도 해요."

준우의 목소리에 기운이 없었다. 친구들이 미래에 관한 꿈을 꾸는 동안 자신은 쓸데없는 상상만 한 것 같았다. 무언가 구체적인 꿈과 미래를 생각하는 친구들이 부러웠다.

"쓸모없긴. 모든 상상은 다 소중하단다. 그러니 네 상상을 소중하게 여기렴."

"아저씨는 상상했던 걸 이루었으니까 그렇게 말할 수 있죠. 하지만 전 아니거든요."

기운 빠진 준우의 목소리는 우울했고, 우울한 감정은 친구들에게 전염되었다. 노벨 아저씨가 안절부절못하며 세 아이의 눈치를 살폈다.

"기운 내! 너희들은 우리 노벨 슈퍼마켓의 소중한 고객이잖아. 뭘 하면 나아지겠니?"

준우는 고개를 가로저었다.

"한 가지 있긴 한데……."

"뭔데?"

"소용없어요. 아저씨가 안 된다고 할 게 틀림없어요. 절대로 말하지 말라고 했으니까요. 그런데 자꾸 생각이 나고 가고 싶어요. 그래서 더 우울해요."

준우는 붉은 흙과 뜨거운 햇살, 사비티가 있는 팡팡센터로 가고 싶었다. 팡팡센터는 다른 나라에 있는 병원이었고, 준우에겐 그곳이 다른 나라를 방문한 첫 경험이었다. 준우는 자신의 말뜻을 노벨 아저씨가 알아차리길 바랐다. 게다가 재욱이도 아는 마당에 영석이도 팡팡센터에 대해 알아야 한다고 생각했다. 다른 사람은 몰라도 영석이에게 비밀을 만들고 싶진 않았다.

다행히 노벨 아저씨가 빙그레 웃었다.

"무슨 뜻인지 알겠구나. 그럼 영석이도 같이 가 볼래? 팡팡센터에?"

영석이가 눈을 동그랗게 떴다.

"팡팡센터요? 거긴 비행기를 타고 가야 한다면서요?"

재욱이가 영석이의 손을 잡았다. 그리고 준우가 다른 손을 잡았다. 그러고는 슈퍼마켓으로 들어갔다. 어리둥절한 영석이가 여긴 왜 들어 왔느냐고 물어봤지만, 준우와 재욱이는 대답 대신 노벨 아저씨를 쳐다보았다. 노벨 아저씨는 아이들에게 휴대용 리모컨을 하나씩 건넸다.

"여분으로 만들어 뒀는데, 이렇게 쓰게 되는구나. 쓰고 나면 꼭 나한테 반납해. 그럼 나 먼저 간다."

노벨 아저씨가 리모컨 단추를 눌렀고 눈앞에서 사라졌다.

"어? 뭐야? 아저씨 어디 갔어?"

"우리도 갈 거야. 이 단추를 눌러."

재욱이가 먼저, 영석이, 준우가 차례로 팡팡센터에 도착했다.

"맙소사!"

영석이는 하얗게 질린 얼굴로 사방을 둘러보았다.

"안녕, 친구들!"

사비티가 병원 건물에 기대어 서 있다가 목발을 흔들었다.

"안녕, 사비티! 오늘은 친구 한 명을 더 데려왔어."

준우와 재욱이는 영석이를 병원 쪽으로 이끌었다. 가는 동안 리모컨 사용법과 팡팡센터에 대한 설명을 짧게 했다.

"아저씨의 꿈이랑 상상은 정말 놀랍구나!"

영석이가 감탄했다.

준우는 가슴이 쿵쿵 뛰었다. 그리고 언젠가 노벨 아저씨처럼 자신도 상상을 현실로 이루는 사람이 되고 싶다는 생각이 들었다.

팡팡센터의 아이들
• 좋아하고 잘하는 것을 마음껏 할 수 있는 환경이 필요하다 •

팡팡센터에 다녀오는 횟수가 늘어나면서 그곳에 없는 물건들이 눈에 들어왔다. 세 친구는 매일 오후 네 시에 영석이네 평상에 모였다. 세 친구는 평상 위에 각자 가져온 여러 물건들을 늘어 놓았다. 어릴 때 갖고 놀던 장난감부터 작은 고무공, 축구공, 구석에 치워 두고 쓰지 않았던 크레파스, 공책, 연필, 지우개, 스케치북 등 다양한 물건들이 있었다. 한글을 모르더라도 이해할 수 있는 그림책, 색칠하기 책들은 팡팡센터 친구들이 아주 좋아하는 물품이었다.

또한 이 중에는 셋이 가져온 물건들을 더하여 빠진 부분을 채우는 경우도 있었다.

"빨간색이 없네. 재욱아, 네가 지난번에 가져간 크레파스에 빨강이 있었나?"

"응. 난 빨간색을 별로 안 좋아해서 조금만 썼어. 이 색종이 두 묶음은 하나로 합치자."

수시로 잡동사니들을 늘어놓는 모습을 본 어른들은 셋이서 무슨 꿍꿍이를 벌이느냐고 궁금해 했다.

"아, 노벨 아저씨가 후원하는 팡팡센터에 물건들을 보내려고 모으는 중이에요."

"그래? 그 팡팡센터는 어디에 있냐?"

"우리나라에서 먼 다른 나라에 있대요."

셋은 딴청을 피우며 둘러댔다.

준우는 하루 중 팡팡센터에서 보내는 시간이 가장 즐거웠다. 셋이 놀 때보다 훨씬 다양한 놀이를 할 수 있었다. 사비티와 병원 친구들은 돌멩이 하나로도 하루 종일 놀았다. 돌멩이는 사람이 되었다가 강아지, 악어, 공으로 변신을 거듭했다. 누군가 하늘로 휙 던지면, 그 순간 돌멩이는 별이 되었다. 그리고 물 한 컵, 풀 한 줌도 마찬가지였다.

팡팡센터의 아이들은 준우와 친구들이 가져온 물건으로 전보

다 즐거운 시간을 보낼 수 있었다. 그리고 준우와 친구들은 팡팡센터에서 시간을 보내며 상상력과 꿈을 키웠다.

팡팡센터에는 의사 세 명과 간호사 일곱 명이 있었고, 병원의 식사를 준비하는 일과 기타 다른 일들은 환자의 가족들이 했다. 노벨 아저씨는 병원 일을 돕는 가족들에게 월급을 주었다. 가족들은 치료비도 받지 않으면서 무슨 돈까지 주느냐며 거절했다. 하지만 노벨 아저씨는 치료가 끝난 뒤 병원을 나와서 생활할 준비를 해야 한다며 이 원칙을 꼭 지켰다.

팡팡센터로 오는 어린 환자들은 점점 늘어났다. 노벨 아저씨는 병원 옆에 건물 한 채를 또 짓기 시작했다. 환자들을 따라온 가족들이 병원을 짓는 일을 함께 도왔다. 새로 짓는 건물 안쪽에는 작은 방이 여러 개 있었는데, 아저씨는 문을 만들어 잠그고는 아무도 들어가지 못하게 했다. 팡팡센터 사람들은 그곳을 '비밀의 방'이라고 불렀다.

어느 날, 준우와 놀던 사비티가 노벨 아저씨의 옷자락을 붙잡았다.

"선생님, 제가 여기 더 있을 수 있어요?"

"왜 그런 생각을 했지?"

"전 여기 오래 있었잖아요. 병원에 새로 들어오는 애들이 많으니 머지않아 자리가 찰 거잖아요."

노벨 아저씨가 사비티의 어깨를 토닥거렸다.

"사비티, 아빠가 지은 네 이름은 단단하고 진실하다는 의미를 품고 있단다. 그리고 넌 네 이름보다 훨씬 단단하고 진실하단다. 그러니 용기를 잃으면 안 돼. 들어올 때는 울면서 왔지만, 나갈 때는 웃으면서 용기를 갖고 나가게 될 거야. 나가는 순간을 미리 두려워하지 말렴."

"선생님을 믿을게요."

"난 선생님 아니라니까. 그냥 아저씨라고 불러."

"아녜요. 선생님. 정말 감사합니다."

준우는 마음이 아팠다. 팡팡센터에서 처음 만난 사람이 사비티였고, 올 때마다 가장 마음이 잘 맞는 친구도 사비티였다. 준우에게 팡팡센터는 곧 사비티였다.

준우는 집으로 돌아가기 전에 노벨 아저씨를 찾아갔다.

"아저씨, 정말 사비티가 병원을 나가나요?"

"지금은 아니지만 언젠가는 나가게 될 거야."

"여기 있으면 안 되고요?"

"사비티도 사비티만의 인생을 살아야지. 사비티가 가장 잘하고, 좋아하는 것을 하며 사는 인생 말이야. 계속해서 여기에 머

물러 있으면, 사비티는 환자일 수밖에 없단다."

"그럼 언제 나가요?"

"사비티가 제대로 설 수 있을 때. 자기 몫을 다할 수 있는 단단한 사람이 되면 이곳을 떠날 수 있어."

노벨 아저씨는 알쏭달쏭한 말을 남기고 자리를 떴다.

준우와 재욱이, 영석이는 팡팡센터에 올 때마다 팡팡센터의 친구들과 어울려 놀았다. 공놀이를 하거나 그림을 그리며 함께 시간을 보낸 다음, 집으로 돌아갈 시간까지 각자 하고 싶은 것을 하며 놀았다.

재욱이는 의사 선생님들을 따라다녔다. 의사 선생님들이 환자를 치료하는 걸 지켜보다가 이해가 안 되는 부분은 질문했고, 새로 알게 된 단어와 지식은 자기 수첩에 옮겨 적었다.

영석이는 어린이 환자들과 놀아 주고, 틈틈이 병원 한쪽에 있는 실험실을 들락거렸다. 실험실에 들어갈 때는 늘 노벨 아저씨와 함께였다. 아저씨는 영석이에게 위험한 물질을 다루는 법을 귀에 딱지가 앉도록 반복해서 말했다. 영석이는 투덜거리면서도 그 말을 잘 따랐다.

준우는 실험실이나 병실보다 휴게실이 좋았다. 준우가 휴게실

의 긴 의자에 앉으면 팡팡센터의 아이들이 우르르 몰려왔다.

"오늘은 무슨 이야기야?"

"해와 달이 된 오누이야."

"오누이?"

"오빠와 여동생."

"아, 재미있겠다. 해 줘."

준우는 팡팡센터의 친구들에게 이야기를 들려주었다. 그러다 알고 있는 이야기가 바닥나자 그동안 상상해 온 이야기들을 말했다. 알고 보니 갈치였던 수영 선생님, 거위로 변한 친구, 공룡으로 변신한 아이, 하늘을 나는 단추…… 이야기는 꼬리에 꼬리를 물고 이어졌다. 그리고 어떨 때는 팡팡센터 친구들이 준우에게 이야기를 들려주었다.

한 아이가 자기 마을에는 하늘 신이 흙으로 사람을 빚었다는 이야기가 전해져 오고 있다고 했다. 또 다른 마을에서는 나무에서 사람이 생겨났다고 했다. 준우가 아는 이야기와 팡팡센터의 친구들이 하는 이야기는 얽혀서 또 다른 이야기를 만들었다. 노벨 아저씨는 종종 이야기에 빠져 있는 준우에게 집에 돌아갈 시간이 다 되었다고 알려주곤 했다.

함께 어울려 지내는 동안 팡팡센터의 아이들이 무엇을 좋아하고 잘 하는지 알게 되었다. 준우는 사비티를 눈여겨봤다. 사비티는 흙을 잘 만졌다. 같은 진흙으로 장난을 쳐도 사비티는 원숭이, 하이에나, 기린, 코끼리를 근사하게 빚었다.

"너 진짜 잘 만든다. 나 하나만 만들어 줘."

"나도!"

준우와 영석이가 졸랐다.

"이거 조금만 지나면 부셔져. 못 써."

"아깝다. 집에 갖고 가고 싶었는데. 혹시 낙타는 못 만들어?"

"낙타? 그건 본 적 없는데, 어떻게 생겼어?"

준우는 바닥에 손가락으로 낙타를 그렸다. 등에 혹이 두 개 있는, 쌍봉낙타였다.

사비티는 낙타의 그림만 보고 흙을 빚어 작은 낙타 모형을 만들었다. 준우와 아이들은 탄성을 지르며 사비티의 손재주를 칭

찬했다. 노벨 아저씨는 이 모습을 유심히 지켜보았다.

며칠 뒤, 노벨 아저씨는 팡팡센터의 아이들과 삼총사를 '비밀의 방' 앞으로 모았다.

"팡팡센터에 있는 여러분이 앞으로 어떤 사람으로 살아갈지 생각해 봤답니다. **그리고 여러분에게 가장 필요한 것이 좋아하고 잘하는 것을 마음껏 할 수 있는 환경이라고 생각했습니다.** 그래서 이 방을 제가 꾸며 봤습니다. 사비티, 앞으로 나와 보렴."

사비티가 목발을 짚고 앞으로 나갔다. 노벨 아저씨는 사비티에게 문손잡이를 잡고 밀어 보라고 했다. 문이 열리자 사비티가 걸음을 재촉했다. 그 방은 흙덩이와 물레, 작은 가마 등 도자기를 만들고 구울 수 있는 도구들이 놓여 있었다.

"사비티, 너뿐만 아니라 다른 아이들도 여기서 흙을 만질 수 있을 거야. 툰의 아버지가 이런 일을 했대. 네게 필요한 것을 많이 알려주실 게다."

"정말 제가 써도 돼요?"

"그럼. 마음껏 써. 그리고 툰, 넌 옆방에 가 보렴. 거긴 그림을 그리는 방이야. 움지치, 네겐 북을 두드릴 수 있는 방을 보여주마. 다른 친구들도 한번 찾아보렴."

아이들은 꺅꺅 소리를 지르며 방을 구경했다.
"정말 열심히 해 볼게요. 감사합니다, 아저씨."
사비티가 노벨 아저씨에게 감사의 인사를 했다.
"약속했잖니. 웃으면서 나가게 해 주겠다고."
모두에게 기쁜 날이었다. 그러나 그 기쁨은 하루를 넘기지 못했다.

다음 날, 공놀이를 마치고 팡팡센터로 들어서자 펑펑 하고 폭탄이 터지는 소리가 났다. 소리는 점점 커졌고 어디선가 매캐한 연기 냄새가 났다. 어떤 아이는 울었고, 어떤 아이는 어찌할 바를 모르는 듯 가만히 서 있었다.
"모두 지하실로 대피해!"
노벨 아저씨가 소리쳤다. 준우는 사비티를, 영석이는 서 있는 친구를 부축했다. 재욱이는 울고 있는 아이를 업었다. 마당에 있던 모든 아이들까지 건물로 들어와 지하실로 내려갔다. 준우와 재욱이, 영석이가 지하실로 내려가려는데 노벨 아저씨가 막았다.
"너희는 돌아가라."
"네?"
"어서 돌아가. 여긴 걱정하지 말고."

"그래도……."

"지금 가야 해. 그 휴대용 리모컨은 폭탄이 만드는 파장을 견디지 못해. 슈퍼마켓이 아닌 엉뚱한 곳으로 도착할 수도 있어. 그러니 얼른 돌아가! 여기 소식은 내가 돌아가는대로 알려 줄게."

노벨 아저씨는 단호하게 말했다. 셋은 폭발 소리가 들리는 병원 복도에서 리모컨을 눌렀다.

그러자 한순간에 노벨 슈퍼마켓으로 이동했다. 노벨 슈퍼마켓은 조용했고, 텔레비전 화면 밖으로 연기가 조금씩 새어 나왔다.

"노벨 아저씨와 아이들은 무사할까?"

"괜찮아야 할 텐데."

"그러게."

셋은 오랫동안 텔레비전 앞을 떠나지 못했다. 준우와 재욱이는 영석이 집에서 밤늦도록 노벨 슈퍼마켓을 지켜보았다. 불이 꺼진 슈퍼마켓을 보며 제발 별일이 없길 간절히 바랐다.

다음 날 늦은 오후에 슈퍼마켓 문이 열렸다. 하루 사이에 노벨 아저씨의 뺨은 움푹 들어갔고, 푸른 눈동자도 힘이 없었다. 한눈에 봐도 몹시 피곤해 보였다.

"아저씨, 괜찮아요?"

"팡팡센터는 무사해요?"

"사비티랑 다른 아이들은 어때요?"

노벨 아저씨가 답할 때까지 기다리지 않고, 밤새 궁금했던 질문들을 쏟아 냈다. 노벨 아저씨는 기도하듯 두 손을 모았다.

"병원은 괜찮고, 팡팡센터 친구들도 다친 데는 없어. 하지만 병원에서 멀지 않은 마을이 폭탄 공격을 받았단다. 마을에 다친 사람들이 많아서 바빴지."

노벨 아저씨가 한숨을 쉬었다. 준우와 친구들도 한숨을 길게 쉬었다.

"한때는 성능이 월등히 뛰어나서 사용하기에 너무 끔찍하고 위협적인 무기를 개발하면 전쟁을 막을 수 있을 거라고 생각했단다. 무기를 사용했을 때 발생하는 피해가 두려워서 전쟁을 하지 않을 거라고 믿었던 거지. 하지만 돌이켜 보니, 그 어떤 무기와 화약도 결국 사람이 사용하는 것이더구나. 사용하는 사람의 마음가짐이 중요했던 거지."

텔레비전 화면은 여전히 팡팡센터를 비추고 있었다. 연기는 나지 않았지만, 마당에는 아무도 나와 있지 않았다. 준우는 더 이상 친구들이 다치지 않기를, 두려움 속에서 살기 않기를 간절히 바랐다.

노벨 아저씨의 선물

• 화약은 사용하는 사람의 마음가짐에 따라 그 모습이 달라진다 •

노벨 아저씨는 전보다 자주 슈퍼마켓을 닫았다. 영석이는 문이 열릴 때까지 끈질기게 기다렸다가 아저씨가 나타나면 함께 가겠다고 했다. 하지만 노벨 아저씨는 거절했다. 자신이 가진 본체 리모컨도 요즘 먹통이 될 때가 있어서 안 된다고 했다.

"그럼 기다릴게요. 아저씨가 된다고 할 때까지."

준우는 아저씨의 말을 믿었다. 재욱이는 그런 준우를 못마땅하게 보면서 언제까지 기다리느냐고 중얼거렸다. 영석이는 그런 법이 어디 있느냐며, 과학자이자 발명가라면 빨리 문제를 해결하라고 대들었다. 하지만 노벨 아저씨는 안 된다며 고개를 저었다.

노벨 아저씨가 문을 닫는 날이 늘어도 셋은 꾸준히 영석이네 평상에 모였다.

"책꽂이에서 글자 없는 그림책을 봤어. 팡팡센터 친구들이 좋아할 거야."

"나는 고모가 이사하면서 짐을 줄인다기에, 사촌 여동생 장난감을 좀 달라고 했어. 툰이 인형을 갖고 싶어 했던 게 마음에 걸리더라고."

"베르다 의사 선생님한테도 물어볼 게 많이 남았는데."

셋이 모이면 늘 팡팡센터부터 입에 오르내렸다. 매일 들락날락거릴 때는 몰랐는데, 갈 수 없게 되자 정말 그리웠다. 붉은 흙과 뜨거운 햇살, 마당 한쪽에 널린 이불 빨래, 검은 피부, 검지 않은 손바닥, 밝은 웃음, 친구들이 보고 싶었다.

사흘 동안 닫혔던 슈퍼마켓 문이 열렸다. 준우는 저녁밥을 먹다가 영석이의 연락을 받았다. 준우는 숟가락을 내려놓고 바로 노벨 슈퍼마켓으로 뛰었다. 슈퍼마켓에는 이미 재욱이와 영석이가 와 있었다.

"아저씨. 별일 없었어요? 팡팡센터 친구들은 잘 있죠?"

준우가 빠른 속도로 질문을 쏟아 내자 노벨 아저씨의 눈초리가 처졌다. 그새 덥수룩하게 자란 수염 때문에 입술이 제대로 보이지 않았지만 웃는 것처럼 보였다.

"별일 없고, 친구들은 잘 있어. 참, 이건 사비티가 가마에서 구운 건데 너희들에게 전해 달라더라."

노벨 아저씨가 작은 점토 인형을 하나씩 주었다. 반 뼘 정도 높이에 붉은 점토 몸통인 인형은 낙타, 원숭이, 기린 모양이었다.

준우는 낙타 인형을 가만히 들여다보았다. 사비티처럼 눈이 커다랗고, 등에 혹이 두 개 있는 쌍봉낙타였다. 예전에 준우가 흙 바닥에 그렸던 그 낙타였다.

"인형도 너무 고마운데요, 우리는 팡팡센터로 가고 싶어요."

영석이가 원숭이 인형을 흔들며 큰 소리로 말했다.

"영석이 말이 맞아요. 언제 갈 수 있어요?"

재욱이가 기린 인형을 쓰다듬으며 물었다.

노벨 아저씨는 대답 대신 긴 폭죽을 몇 개 들고는 밖으로 나가자고 손짓했다. 아저씨가 앞장서고 셋이 그 뒤를 따랐다. 팡팡센터로 가는 길이 아니라 바닷가 쪽이었다.

해가 완전히 져서 먼 바다 끝이 보이지 않았다. 노벨 아저씨는 모래사장에 일정한 간격으로 폭죽을 꽂았다.

"영석이가 불 붙여 볼래?"

노벨 아저씨 말에 영석이가 화들짝 놀라며 뒤로 물러섰다.

"무, 무슨 말씀이세요? 전 이제 안 해요. 안 할 거예요."

"하하하, 네 뜻이 정 그렇다면 할 수 없지."

껄껄 웃던 노벨 아저씨가 첫 번째 폭죽에 불을 붙였다. 심지에 불이 붙더니 작은 불꽃이 튀었다. 곧이어 심지가 빠른 속도로 타 들어갔고, 비스듬히 꽂힌 폭죽에서 요란한 소리와 함께 한 줄 불꽃이 튕겨져 나갔다. 한 줄로 뻗었던 불꽃은 넓은 하늘을 스케치북 삼아 국화꽃 모양의 불꽃을 겹겹이 펼쳤다. 다음 폭죽은 불꽃이 붓꽃 모양에서 거미줄 모양이 되었다가 비대칭으로 반짝였다.

폭죽 중 하나가 다 타서 뿌연 연기를 내뿜을 때 그 옆에 있는 것에 불이 붙었다.

"멋지다!"

"맞아!"

노벨 아저씨의 말이 맞았다. **같은 화약이라도 사용하는 사람의 마음가짐에 따라 그 모습이 달랐다.** 준우는 폭죽이 터질 때 팡팡센터에 있는 친구들과 함께 불꽃놀이를 보는 상상을 했다. 화약이 터지면 다치고 죽는 위험만 있으리라 생각하는 친구들에게 아름다운 불꽃을 보여 주고 싶었다. 화약이 터지는 소리에는 두려움뿐 아니라 설렘도 있다는 것을 말하고 싶었다. 몸은 마을 모래사장에 있지만 마음은 팡팡센터에 가 있었다. 붉은 흙먼지가 날리는 마당을 뛰놀며 튀지 않는 나무 공을 굴리고 싶었다. 옆에 있는 친구들 말고 다른 사람들에게는 자신이 팡팡센터에 다녀왔다고 말할 수 없었다. 어차피 아무도 믿지 않을 테니까.

펑, 펑, 펑! 마지막 불꽃이 터졌다.

"나는 이제 이곳을 떠날 거란다."

폭죽 막대에서 피어오르는 연기를 보던 세 친구가 노벨 아저씨 쪽으로 고개를 돌렸다.

"진심이세요?"

"왜요?"

"가지 마세요."

노벨 아저씨는 고개를 가로저었다.

"새로운 실험을 시작했거든. 휴대용 리모컨이 폭발에 방해 받지 않게 이동 방식을 바꿔야 해. 슈퍼마켓을 오래 비울 수도 없고, 무엇보다 병원에도 손볼 곳이 많이 생겼단다."

노벨 아저씨의 목소리에 물기가 섞여 있었다. 이곳을 떠나고 싶지 않지만 어쩔 수 없이 떠나야 하는 망설임이 느껴졌다.

팡팡센터를 사랑하는 세 친구의 눈에서 눈물이 흘렀다. 다른 것도 아니고 병원 때문이라는데 더 이상 말릴 수 없었다.

"대신 선물을 주고 가마. 새로운 이동 방식을 찾으면 꼭 초대할게. 그때 꼭 보자."

셋은 작은 리모컨을 하나씩 받았다. 준우는 리모컨을 손에 꼭 쥐고 아저씨를 쳐다보았다. 다시 볼 그날까지, 노벨 아저씨의 얼굴을 눈에 담고 싶었다. 재욱이와 영석이도 말 없이 노벨 아저씨를 응시했다.

노벨 슈퍼마켓은 또 주인이 바뀌었다. 간판과 거기에 덧붙었던 현수막은 사라졌고 '다 판다 슈퍼마켓'이라는 간판이 새로 붙었다. 다 판다 슈퍼마켓에서는 아이들이 폭죽을 사도 별말을 하지 않았다. 조건 없이 살 수 있는데도 준우와 친구들은 폭죽을 사지 않았다.

선반에는 팡팡센터에 대한 글귀가 없었고, 팡팡센터를 보여 주는 텔레비전도 없었다. 그러다 보니 누가 먼저랄 것도 없이 슈퍼마켓에 가는 발길이 저절로 뜸해졌다.

시간이 흘러 건우 삼촌이 집에 들렀다. 삼촌은 불꽃 쇼에 가기로 했던 여자 친구가 갑자기 헤어지자고 해서 부랴부랴 서울에 갔던 것이라며 미안하다고 사과했다. 준우와 영석이, 재욱이는 삼촌이 하는 사과를 받아들였다.

"근데 무슨 일 있었어? 엄청 섭섭해 할 줄 알았는데."

건우 삼촌이 물었다.

"아니요. 별일 없었어요."

"아무튼 미안했어. 다음에 꼭 데려갈게."

삼촌이 약속하자는 의미로 새끼손가락을 내밀었다. 하지만 셋 중 아무도 그 손가락을 잡지 않았다.

"삼촌, 우리 불꽃 쇼 안 봐도 괜찮아요."

"사실 가고 싶은 데는 따로 있거든요."

건우 삼촌은 고개를 갸우뚱거렸다.

겨울 방학을 앞두고 담임 선생님이 영석이를 불렀다.

"이번에 과학 교실이 생기는데, 네가 참여해 볼래? 갑자기 장비와 프로그램을 대고 지원하겠다는 사람이 나타났는데 네가 관심이 있을 거라는 쪽지더라."

"어떤 장비요?"

담임 선생님이 영석이를 데리고 과학실로 향했다. 준우와 재욱이도 영석이를 따라갔다. 과학실 한쪽에 이름표가 붙은 유리병들과 플라스크, 갖가지 약품들이 놓여 있었다. 영석이는 플라스크와 깔때기가 꽂혀 있는 진열대 앞에서 고개를 돌렸다.

준우도 알아보았다. 플라스크 다섯 개가 연결된, 노벨 아저씨의 실험실에서 보았던 장치였다. 나무 선반에는 '팡팡센터'라는 외국어가 또렷이 새겨져 있었다. 준우는 마른 침을 꿀꺽 삼켰다.

"노벨 아저씨가 보냈구나."

"왜 그래?"

담임 선생님이 물었다.

"아, 아녜요. 할게요. 무조건 하겠습니다!"

영석이가 힘차게 대답했다.

이틀 뒤, 재욱이가 준우와 영석이를 집으로 불렀다. 재욱이에게 커다란 소포가 도착했고, 보낸 사람이 '노 씨'였다.

"혼자 뜯을까 하다가, 같이 봐야 할 것 같아서."

준우와 영석이는 고개를 세차게 끄덕였다.

상자 안에는 준우 키의 반만 한 사람 모형이 들어 있었다. 모형 바깥에는 빨간 선과 파란 선이 그어져 있었다. 그리고 어떤 곳은 살갗이 뚜껑처럼 덜컹거렸다. 그 부분을 젖히자 몸 안에 들어 있는 장기들이 보였다.

"아, 여기 있는 게 간이구나. 그럼 나한테는 여기쯤 있겠네."

"우아, 심장이 이렇게 생겼구나. 재욱아, 정말 좋겠다!"

준우는 모형을 손가락으로 어루만졌다.

"노벨 아저씨, 보고 싶다."

"나도."

"두말 하면 잔소리지."

다음 날, 준우에게도 택배가 왔다. 이번에는 준우가 친구들을 불렀다. 이번에도 보낸 사람 이름은 '노 씨'라고만 적혀 있었다. 상자 안에는 노트북이 들어 있었고, 쪽지가 함께 있었다.

'글을 쓰든 그림을 그리든, 네 상상을 마음껏 펼쳐 보거라. 상상 속에서 팡팡센터를 이야기하면 누가 뭐라고 하겠니?'

준우는 그 쪽지를 품에 꼭 안았다. 그때 재욱이가 심각한 표정을 짓고 말했다.

"내가 찾아봤는데, 노벨상을 만든 사람은 '알프레드 노벨'이잖아. 그 사람이 죽으면서 한 유언이 '내 재산을 인류에게 큰 공헌을 한 사람들에게 상금으로 수여한다.'였어."

영석이가 피식 웃었다.

"그건 전에도 말했잖아. 노벨 아저씨의 할아버지의 할아버지가 알프레드 노벨이라고."

재욱이가 검지를 곧게 펴서 흔들었다.

"아니, 찾아보니까 노벨상을 만든 아저씨의 원래 이름은 '알프레드 노벨'이 아니라, '알프레드 베르나르도 노벨'이더라고."

"알프레드 베르나르도 노벨?"

준우가 되물었다.

"그래. 게다가 알프레드 베르나르도 노벨에겐 자식이 없었어."

"으아악, 무섭게 왜 이래?"

영석이가 비명을 질렀다.

준우의 팔에도 소름이 돋았다. 그렇지만 아무래도 좋았다. 노벨 슈퍼마켓의 아저씨가 알프레드 노벨이든, 베르나르도 노벨이든, 알프레드 베르나르도 노벨이든 상관없었다. 준우에겐 노벨 아저씨였고, 준우에게 준우의 상상이 얼마나 중요한지 알려 준 사람이었다.

"난 아저씨가 그 사람이었어도 괜찮아. 아니, 그럼 더 좋겠다. 분명 다시 팡팡센터로 갈 수 있는 방법을 찾아내실 거야!"

준우는 정말 그렇게 믿었다.

그때 밖에서 폭죽이 터지는 소리가 크게 났다. 셋은 폭죽 소리가 나는 곳으로 찾아갔다. 누군가 모래사장에 폭죽 여러 개를 붙여 놓고 터뜨리고 있었다.

"저렇게 꽂으면 큰일 나는데."

"폭죽 사이가 너무 붙었어."

"혼자서 저렇게 많이 터뜨리는 사람은 드문데……. 영석이의 기록을 뛰어넘겠다."

심각하던 셋 사이에 작은 웃음이 흘러나왔다.

펑, 폭죽이 다시 터졌다.

'안녕, 얘들아?'

검푸른 하늘 위로 불꽃이 글씨를 썼다.

"저거 보여?"

"응, 나도 봤어."

"저게 가능해?"

펑, 이번에는 불꽃이 약간 휘었다.

'친구들을 만나러 와.'

모래사장에서 폭죽을 터뜨리던 사람이 또 다른 심지에 불을 붙이더니 두 손을 쭉 뻗어서 크게 흔들었다. 반갑다는 뜻인지, 안녕이라는 뜻인지 헷갈렸다. 그러더니 그 아저씨가 눈앞에서 사라졌다.

펑, 마지막 불꽃이 터졌다.

'구덩이, 팡팡센터'

셋은 다급하게 주머니를 뒤졌다. 늘 갖고 다니던 리모컨 세 개가 각자 손바닥에 놓였다.

"가자!"

"뛰어!"

"노벨 아저씨!"

오랜만에 노벨 아저씨를 만나러 간다! 머나먼 땅에 살지만 생각보다 가까운 친구들을 만나러 간다. 팡팡센터로 간다. 셋은 모래사장을 뛰어 언덕으로 달렸다.

잠시 뒤 구덩이 쪽에서 불빛이 반짝였다.

다이너마이트를 발명한
알프레드 노벨은 어떤 사람일까?

서울여자고등학교 화학 교사 강대훈

1. 알프레드 노벨의 생애

 알프레드 노벨의 어린 시절

알프레드 노벨은 1833년 10월 21일 스웨덴 스톡홀름에서 8남매 중 셋째로 태어났다. 1830년대 스웨덴은 유럽에서도 가난한 나라 중 하나였으며, 엔지니어이자 발명가인 알프레드 노벨의 아버지도 사업 실패로 많은 어려움을 겪었다. 아버지는 알프레드 노벨이 4살이 되던 1837년에 새로운 사업을 위해 러시아로 떠났고, 어머니는 스톡홀름에 남아 알프레드 노벨과 그의 형제들을 돌보았다.

몇 년 후 러시아로 떠났던 아버지가 사업이 성공했다는 반가운 소식을 전해 왔다. 알프레드의 아버지가 러시아 상트페테르부르크에서 수중 화약 제조 등 무기 사업이 성공을 거두었다는 것이었다. 알프레드 노벨의 가족들은 러시아의 상트페테르부르크로 이사를 했고, 알프레드 노벨은 정규 학교를 다니는 대신 가정교사로부터 자연과학, 언어, 문학 등을 배웠다. 또한 아버지 공장에서 다루는 화약과 관련된 화학 공부를 많이 했다. 알프레드는 페테르부르크 공과대학 교수였던 가정교사 니콜라이 지닌에게 나이트로글리세린의 제조법을 배우게 되는데, 이때 익힌 지식은 훗날 그가 다이너마이트를 발명하는 중요한 밑거름이 된다.

17살이 되었을 때 알프레드 노벨은 스웨덴어 이외에도 러시아어, 프랑스어, 영어, 독일어로 말하고 쓸 수 있었으며, 20살이 되기 전에 독일, 프랑스, 이탈리아, 미국 등을 여행하면서 다양한 분야의 발명가들을 만나며 견문을 넓혔다.

 다양한 재주를 가진 알프레드 노벨

알프레드 노벨은 화약뿐 아니라 화학, 물리, 광학, 기계공학 등 여러 분야에 관심이 많았는데, 특히 문학에 깊은 관심을 가지고 있었다. 5개 국어를 쓰고, 읽고, 유창하게 구사할 수 있었던 그는 가정교사를 통해 접한 문학 작품의 영향으로 문학가의 꿈을 꾸었다. 10대 때 여러 편의 시를 썼으며 말년에는 희곡 〈네메시스〉를 남기기도 하였다. 하지만 아쉽게도 알프레드 노벨이 남긴 〈네메시스〉는 내용이 집안의 명예를 실추시킨다고 생각한 가족들에 의해서 파기되어 현재는 남아 있지 않다. 알프레드 노벨이 젊은 시절 여러 나라를 여행하면서 발명가들과 교류를 하게 된 것은 문학에 대한 알프레드의 관심을 줄이려는 아버지의 뜻이었다. 결국 알프레드는 아버지의 뜻대로 발명에 열중하여 수많은 특허를 받고 발명가, 사업가로 성공을 거두었다.

다이너마이트를 발명한 알프레드 노벨

알프레드 노벨은 평생 355개의 특허를 출원하였는데, 그중 단연 최고의 발명은 다이너마이트라고 할 수 있다. 알프레드 노벨이 24살 때 러시아가 전쟁에서 패하면서 알프레드 노벨의 아버지가 운영하던 무기 제조 회사는 파산하고, 알프레드 가족은 다시 스웨덴으로 돌아가야 했다. 스웨덴에 돌아온 알프레드 노벨은 니콜라이 지닌에게 배운 나이트로글리세린의 제조법을 토대로 폭약의 성능을 높이는 연구를 했다. 그리고 30살에 폭약 제조 기술로 특허를 받았다.

알프레드 노벨은 나이트로글리세린을 대량으로 생산하기 위한 공장을 세우기도 했다. 나이트로글리세린은 액체 상태였기 때문에 운반 중이나 폭파 장치를 설치하는 도중에 폭발하는 경우가 많아 위험했다. 안전한 폭약을 만드는 연구를 거듭하던 알프레드 노벨은 어느 날 실험실 폭발 사고로 동생 에밀과 몇 명의 동료를 잃었다. 이 사고로 알프레드 노벨은 사람들로부터 많은 비난을 받게 되었으며 사람들은 폭약을 연구하는 알프레드의 실험실과 공장을 마을에서 몰아내려고 했다. 그래서 알프레드 노벨은 사람들을 피해 호수 한 가운데에 배를 띄워 실험을 계속했다. 한편 폭발 사고는 많은 사람들에게 나이트로글리세린의 폭발력을 알리는 계기가 되었고, 오히려 사고 이후 나이트로글리세린의 주문이 크게 늘어 알프레드 노벨의 나이트로글리세린 회사는 번창하게 되었다.

알프레드 노벨은 수많은 실패를 거쳐 드디어 나이트로글리세린과 도자기나 타일을 만들 때 사용하는 고운 규조토를 혼합하면 액체 상태의 나이트로글리세린을 고체 형태로 만들 수 있음을 발견하게 된다. 알프레드 노벨은 나이트로글리세린과 규조토를 혼합하여 만든 막대 모양에 기폭 장치를 달아 완성한 이 발명품에 '다이너마이트'라는 이름을 붙이고 1867년에 특허를 출원했다. 다이너마이트의 발명은 당시로서는 획기적인 사건으로 잦은 폭발 사고로 골치를 앓던 광산이나 대규모 공사장에서 구세주와 같은 물건이었다. 다이너마이트는 터널 굴착, 암석 발파, 교량 건설 등과 같은 건설 현장에서 안전한 공사를 할 수 있게 하였으며, 작업 시간을 단축시켜 비용을 줄일 수 있게 되면서 다이너마이트의 수요가 폭발적으로 증가했다. 게다

가 유럽의 모든 나라들이 군사력을 키웠던 19세기 말 제국주의 시대와 맞물리면서 많은 양의 다이너마이트가 팔려 나갔다. 알프레드 노벨의 다이너마이트 사업은 스웨덴은 물론 독일, 영국, 미국, 프랑스, 이탈리아 등 전 세계로 뻗어 나가 엄청나게 많은 재산을 모을 수 있게 되었다.

 깨달음을 얻은 알프레드 노벨

알프레드 노벨은 여러 가지 발명이 성공하면서 부와 명성을 쌓고 넉넉한 삶을 살았다. 그러던 중 그의 동생이 죽는 일이 생기고, 알프레드 노벨이 죽은 것으로 잘못 알았던 파리의 한 신문사가 '죽음의 상인 알프레드 노벨 사망'이라고 기사를 써냈다. 이 기사를 본 알프레드 노벨은 동생이 죽은 슬픔 못지않은 충격을 받는다. 알프레드는 그 동안 자기가 발명한 다이너마이트가 어려운 공사 현장에서 이롭게 쓰여 혜택을 본 사람도 있지만 전쟁에 이용되어 많은 사람들의 목숨을 앗아 가는 것을 보고 괴로워했다. 그런 데다 사람들이 자기를 죽음의 상인으로 부르고 있다는 것을 알고 충격 받으며, 자기의 재산의 전부를 인류를 위해 공헌한 사람들을 위해 사용하기로 결심하게 된다.

노벨상의 기반이 된 알프레드 노벨의 유언

알프레드 노벨은 남은 유산을 인류를 위해 큰 공헌을 한 사람에게 상금으로 나누어 주라고 유언장을 남겼다. 그리고 수상 대상자는 물리학에서 가장 중요한 발견이나 발명을 한 사람(물리학상), 중요한 화학 발견이나 개선을 한 사람(화학상), 생리학이나 의학 분야에서 가장 중요한 발견을 한 사람(생리의학상), 문학 분야에서 가장 뛰어난 작품을 쓴 사람(문학상), 국가 간의 친목을 다지고 군대를 폐지하거나 축소하는 등 평화를 위해 공헌한 사람(평화상)으로 정했다. 또한 알프레드 노벨은 수상자를 정할 때 국적, 인종, 종교 등을 차별하지 않도록 당부하였다. 그의 유언에 따라 유산은 스웨덴 과학 아카데미에 기부되었고, 노벨상의 기반이 되었다.

2. 알프레드 노벨이 남긴 노벨상

 ### 알프레드 노벨 사망 후 5년 만에 처음 시상한 노벨상

알프레드 노벨은 결혼을 하지 않았기 때문에 친척들은 알프레드 노벨의 재산이 자기들 몫이 될 것이라고 기대했다. 그래서 알프레드 노벨이 사망한 이후 그의 친척들은 알프레드 노벨의 재산이 유언대로 인류를 위해 공헌한 사람에게 상으로 나누어 주는 것을 반대했다. 유언 집행자는 4년 이상의 시간을 들여 친척들에게 알프레드 노벨의 뜻을 설명하고 이해를 구했다. 그래서 노벨상의 첫 시상은 알프레드 노벨의 사망 5주기인 1901년 12월 10일에 이루어졌다.

 ### 노벨상 수상의 영광

노벨상은 알프레드 노벨의 유언에 따라 엄격한 심사를 거쳐 수상자가 결정된다. 전 세계의 모든 과학자들은 물론 다양한 분야의 학자들이 자기의 연구 업적으로 노벨상을 수상하기를 꿈꾼다. 노벨상 수상자는 국적이나 인종, 종교, 이념에 차별을 받지 않으며 한 번 수상한 사람도

또 다시 수상의 영광을 얻을 수도 있다. 아인슈타인은 1921년 노벨 물리학상을 받았으며, X선을 발견한 뢴트겐은 1901년 노벨 물리학상을 수상하였다. 비료의 원료인 암모니아를 합성하여 인류를 굶주림에서 구해 낸 하버는 1918년 노벨 화학상을 수상하는 등 인류를 위해 공헌한 사람들이 노벨상을 받았다.

또 프랑스의 과학자 마리 퀴리는 1903년 방사능을 발견한 공로로 노벨 물리학상을 수상하였으며, 1911년 라듐을 발견한 공로로 노벨 화학상을 받아 두 번 노벨상을 받은 첫 번째 여성 과학자가 되었다. 노벨상을 두 번 수상한 두 번째 주인공은 미국의 물리학자 존 바딘으로, 트랜지스터를 발명한 업적으로 1956년 노벨 물리학상을 받았고, 초전도 현상 연구 업적으로 1972년 노벨 물리학상을 받았다.

세 번째 주인공은 미국의 라이너스 폴링으로 1954년 화학 결합의 성질에 관한 연구 성과로 노벨상을 수상하였으며, 1962년에는 핵무기 감축 운동을 펼친 공로로 노벨 평화상을 수상하였다. 마지막으로 노벨상을 두 번 수상한 사람은 영국의 생화학자 프레더릭 생어이다. 프레더릭 생어는 인슐린의 구조에 대한 연구 성과를 인정받아 1958년 노벨 화학상을 수상하였으며, 핵산의 염기 서열에 대한 연구 업적을 인정받아 1980년 노벨 화학상을 수상하였다.

노벨상에 도전하는 우리나라

우리나라는 우수한 과학자들이 훌륭한 연구 성과를 내고 있음에도 아직까지 과학 분야에서 노벨상 수상자를 배출하지 못했다. 하지만 우리나라 과학자들의 연구 결과가 점점 세계적인 연구 성과로 인정받는 경우가 늘어나고 있어, 머지않은 날 우리나라 과학자들도 노벨상 수상의 영광을 안게 될 것으로 기대한다. 과학 분야 이외에는 제15대 대통령을 지낸 김대중 대통령이 북한에 대한 햇볕 정책을 펴, 평화 통일의 토대를 마련한 공로를 인정받아 노벨 평화상을 수상했다.

과학의 기초를 잡아주는 처음 과학동화 **독후활동지**
노벨 아저씨네 미스터리 팡팡센터

강승임 이을교육연구소 소장

과학의 기초를 잡아주는 처음 과학동화 독후활동지, 과학 학습에 어떤 도움이 될까?

〈처음 과학동화〉시리즈는 과학 분야를 대표하는 위인들이 등장하여 그들이 연구한 과학적 지식을 재미있게 풀어 나가는 형식으로 꾸며져 있습니다. 동화를 재미있게 읽고 나서 독후활동지를 한 문제 한 문제 풀어 가다 보면 과학 위인들의 대표 이론을 다시 한 번 되새기고 과학적 탐구심을 충족시킬 수 있을 것입니다. 또한 비판적인 글쓰기를 통해 자신의 생각을 올바르게 표현하는 방법도 익힐 수 있습니다.

〈과학의 기초를 잡아주는 처음 과학동화 독후활동지〉는
이렇게 구성돼요.

I. 과학 기초 지식 쌓기 동화 내용의 이해

동화 각 장의 소제목이기도 한 알프레드 노벨의 교훈을 점검해 보고, 동화 속에서 그 내용이 어떻게 적용되었는지 적어 보면서 과학 기초 지식을 쌓습니다.

II. 과학 창의력 기르기 이해와 비판

동화를 통해 익힌 과학 지식을 친구들과 토론해 보고 글로 써 보며 생각을 넓히고, 동화 속에서 느낀 점을 자신의 경험과 맞물려 표현하는 능력을 키웁니다.

III. 과학자 연구 – 알프레드 노벨

부록의 내용을 바탕으로 알프레드 노벨의 삶을 이해하고, 알프레드 노벨의 삶에서 오는 교훈이 현대 사회에 어떤 도움이 되는지 적어 보며 논리적 사고를 키웁니다.

학부모 및 교사용 도움말

교과연계 〈5학년 1학기 국어〉 2. 정보의 탐색
글의 내용을 이해하고 필요한 자료를 찾아볼 수 있다.
〈5학년 1학기 국어〉 3. 생각과 판단
생각과 주장에 대한 적절한 근거를 이야기할 수 있다.
〈3학년 1학기 과학〉 1. 우리 생활과 물질
우리 주변에서 볼 수 있는 물질의 특징에 대해 이야기할 수 있다.
〈6학년 2학기 과학〉 4. 연소와 소화
물질이 탈 때 일어나는 현상과 불꽃의 특징에 대해 이야기할 수 있다.

I. 과학 기초 지식 쌓기 동화 내용의 이해

○ 교과연계 ○
〈3학년 1학기 과학〉
1. 우리의 생활과 물질

《노벨 아저씨네 미스터리 팡팡센터》 본문에는 각 장마다 어린이 여러분께 전하고자 하는 노벨의 교훈을 소제목으로도 적어 두었어요. 동화 내용을 다시 한 번 떠올려 보며 아래 질문들에 답해 보세요. 적는 동안 자연스럽게 어린이 여러분 마음속에도 과학 지식이 차곡차곡 쌓일 거예요.

1. 노벨 슈퍼마켓은 폭죽을 팔 때 어떤 규칙이 있나요?

___

2. 사비타는 어쩌다가 다리를 잃었나요?

___

교과연계
〈3학년 1학기 과학〉
1. 우리의 생활과 물질

3. 노벨 아저씨는 노력이 성공을 거두려면 어떻게 해야 한다고 했나요?

_____
_____
_____
_____
_____
_____
_____
_____
_____
_____

교과연계
〈6학년 2학기 과학〉
4. 연소와 소화

4. 알프레드 노벨은 화약 실험을 하다가 동생을 잃었는데도 왜 연구를 멈추지 않았다고 했나요?

교과연계
〈6학년 2학기 과학〉
4. 연소와 소화

5. 다이너마이트는 어떤 점에서 이전 화약보다 더 안전했나요?

○ 교과연계 ○
〈3학년 1학기 과학〉
1. 우리 생활과 물질

6. 노벨 아저씨는 무기를 사용하는 사람들이 어떤 판단을 해야 한다고 말하나요?

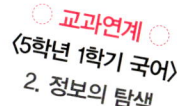

7. 알프레드 노벨은 자신의 재산을 어떻게 사용하라는 유언을 남겼나요?

II. 과학 창의력 기르기 이해와 비판

앞에서 살펴본 동화 내용을 바탕으로 사고를 확장시켜 볼 거예요. 아래 문제들을 친구들과 함께 토론해 보세요. 나와는 다른 다양한 입장과 해결 방안이 있다는 걸 깨닫게 될 거예요. 또한 동화를 읽고 느낀 점을 자신의 경험과 연결하여 글로 써 보세요. 나를 더 잘 표현할 수 있는 좋은 연습이 될 거예요.

○ 교과연계 ○
〈5학년 1학기 국어〉
2. 정보의 탐색

【과학 창의 토론】

1. 돈을 놓고 폭죽을 가져간 영석이의 행동에 대해 어떻게 생각하나요? 왜 그런 행동을 했는지, 그 행동의 결과는 어땠는지 등 여러 측면에서 따져 보고 행동을 이해한다는 입장과 행동이 잘못되었다는 입장으로 나누어 토론해 보세요.

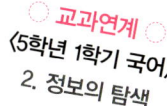

2. 오늘날에도 많은 나라들이 전쟁을 막는다는 이유로 무기 개발에 열중하고 있습니다. 이에 대해 어떻게 생각하는지 찬반 토론을 진행해 보세요.

【과학 창의 논술】

1. 노벨 아저씨가 팡팡센터로 갈 때 사용한 리모컨처럼 공간을 이동할 수 있는 장치가 있으면 어디로 가서 무엇을 하고 싶은지 자유롭게 써 보세요.

_____
_____
_____
_____
_____
_____
_____
_____
_____
_____
_____
_____
_____
_____
_____
_____
_____

교과연계
〈5학년 1학기 국어〉
3. 생각과 판단

2. 발명이나 실험을 할 때는 항상 안전에 주의해야 합니다. 어떻게 하면 안전한 발명, 안전한 실험을 할 수 있을지 상상력을 발휘하여 마음껏 아이디어를 써 보세요.

III. 과학자 연구 – 알프레드 노벨

동화를 읽고 '노벨 아저씨는 어떤 분일까?' 하는 궁금증이 생겼나요? 이제 부록에 소개된 노벨 아저씨의 삶과 사상을 복습해 볼 거예요. 부록을 꼼꼼히 읽고 문제를 풀어 보세요.

1. 알프레드 노벨은 어린 시절에 어떤 교육을 받았나요?

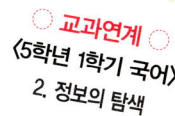

2. 알프레드 노벨이 발명가가 되는 데 그의 아버지는 어떤 영향을 끼쳤을까요?

___

3. 다이너마이트의 발명은 어떤 면에서 이롭고, 어떤 면에서 문제였나요?

___

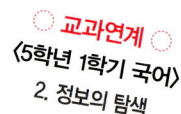

4. 노벨상은 어떤 사람들에게 시상되나요? 노벨상의 다섯 분야를 설명해 보세요.

교과연계
〈5학년 1학기 국어〉
2. 정보의 탐색

5. 노벨은 어떤 이유로 '죽음의 상인'이라고 불렸나요? 이 별명에 대해 어떻게 생각하는지도 함께 설명해 보세요.

학부모 및 교사용 도움말

I. 과학 기초 지식 쌓기 동화 내용의 이해

1. 폭죽은 한 사람이 3개까지 살 수 있고, 바닷가 모래사장에서만 해야 한다. 그리고 어린이에게는 팔지 않고 만 18세 이상인 사람에게만 판다. 술을 많이 마신 사람에게도 팔지 않는다.

2. 지뢰를 밟아 지뢰가 터지면서 다리를 잃었다. 지뢰는 화약으로 만든 폭탄의 한 종류이다.

3. 공상가가 되어 마음대로 상상하라고 하였다. 실현될 가망이 없는 것이라도 다른 사람의 눈치를 보지 말고 마음껏 상상력을 발휘하는 것이다.

4. 화약이 갖고 있는 위험한 점을 고치기 위해서이다. 어떤 점이 위험한지 어떻게 다루었을 때 위험한지 등을 알기 위해 사고가 나는데도 화약 연구를 멈추지 않았다. 화약의 안정성을 높이기 위해 계속 실험을 한 것이다.

5. 화약의 주원료는 나이트로글리세린이다. 이 물질은 강력한 폭발력을 갖고 있지만 액체이고 쉽게 터지는 바람에 운반 중이나 보관 중에도 폭발하는 사고가 많았다. 그래서 알프레드 노벨은 이 나이트로글리세린을 안전하게 만들기 위해 연구를 했는데, 규조토에 섞으면 안전하다는 사실을 알아냈다. 그것이 바로 다이너마이트이다. 다이너마이트는 나이트로글리세린을 규조토에 섞어 만든 것이므로 운반이나 보관 중에도 흘러나오지 않아 안전했다.

6. 노벨 아저씨는 무기도 결국 사람이 사용하는 것이기에 어떻게 사용할지를 판단해야 한다고 말했다. 무기를 사용하는 사람은 피해를 입지 않을 수도 있지만 함부로 사용하면 아주 많은 사람들이 희생되기 때문이다. 따라서 무기를 사용할 때는 성능에 대해서만 판단할 것이 아니라 그 결과에 따른 피해에 대해서도 충분히 생각해야 한다.

7. 알프레드 노벨은 죽으면서 자신의 재산을 인류에게 가장 큰 유익을 가져다준 사람들에게 상금으로 수여하라는 유언을 남겼다. 노벨의 유언에 따라 노벨상이 제정되었고 노벨상을 받은 사람에게는 큰 상금이 수여되었다.

II. 과학 창의력 기르기 이해와 비판

【과학 창의 토론】

1.* 행동을 이해한다는 입장 :

  영석이가 왜 폭죽을 가져갔는지 그 동기와 이유를 살펴 보면 이해할 수 있는 측면이 있다. 영석이는 불꽃놀이를 하고 싶은데 노벨 아저씨가 어린이들한테는 폭죽을 팔지 않아 몰래 돈을 놓고 폭죽을 가져갔다. 예전 슈퍼마켓 주인 아저씨는 어린이들한테도 자유롭게 폭죽을 팔았기 때문에 노벨 아저씨가 정한 규칙이 부당하다고 여겼을 수 있다. 그리고 돈을 놓고 갔기 때문에 나름 법과 도덕을 지켰다고 생각할 수 있다.

* 행동이 잘못되었다는 입장 :

  영석이의 행동은 두 가지 점에서 잘못되었다고 비판할 수 있다. 하나는 규칙을 어겼다는 것이다. 전에 어떤 규칙이 있었든 노벨 아저씨가 새로 규칙을 만들었다면 그것을 지켜야 한다. 그리고 폭죽을 잘 간수하지 못해 결국 불을 낼 뻔했다는 점도 잘못이다. 폭죽은 안전하게 다루어야 하는데 이에 대한 의식이 없었다는 것이 문제이다.

2. (찬성) 현실적으로 무기 개발은 필요하다. 우리 혼자 평화를 지킨다고 전쟁이 일어나지 않는다는 보장이 없기 때문이다. 다른 나라가 전쟁을 일으키면 그에 대응하지 않을 수 없다. 따라서 전쟁에 대비하여 무기 개발은 필수적이다. 그리고 강한 무기를 갖고 있다는 것을 상대편이 알면 두려워 오히려 전쟁을 일으키지 않을 수 있다. 이처럼 강한 무기는 평화를 지킬 수 있다.

  (반대) 무기 개발은 평화를 지키는 것이 아니라 전쟁을 일으키는 원인이 될 수 있다. 강한 무기가 있으면 사이가 나쁜 나라를 공격해 이길 수 있다고 생각하기 때문에 더 쉽게 전쟁을 일으킬 것이다. 그리고 무기를 개발하는 회사는 계속 무기를 팔기 위해 사이가 나쁜 나라들을 이간질하여 전쟁을 부추길 수 있다. 실제로 아프리카나 중동의 분쟁 지역은 이런 원인들로 전쟁이 그치지 않는다. 진짜 평화를 지키려면 무기가 아니라 대화를 통해 서로 이해하고 양보하고 도와주어야 한다

【과학 창의 논술】

1. 구체적인 장소와 그곳에 가서 어떤 경험을 하고 싶은지 쓰도록 한다. 준우처럼 사막에 가서 오아시스도 보고 낙타도 보고 불꽃놀이도 하고 싶다는 내용을 쓰는 것이다. 그리고 이때 보고 들은 것뿐만 아니라 어떤 일들을 겪고 싶고 직접 하고 싶은지도 자세하게 써 보도록 한다.

2. 단순히 안전 규칙을 지킨다거나 실험실에 소방 장비를 갖춘다는 상투적인 아이디어에서 벗어나 비현실적이더라도 자유롭게 상상해 보도록 한다. 예를 들어 위험 물질이 튀거나 묻어도 완전히 방수 처리가 되는 실험복이라든지, 화재가 나면 순식간에 산소가 빠지는 실험실이라든지(이때 연구자에게는 옷에 산소마스크가 부착되어 있어서 자동으로 산소마스크가 씌워짐.), 독극물 같은 액체에 손을 대거나 입을 대려고 할 때 경보 신호가 자동으로 울린다든지 하는 아이디어를 내 본다.

III. 과학자 연구 – 알프레드 노벨

1. 노벨은 정규 학교에 다니는 대신 가정교사에게서 자연과학, 언어, 문학 등을 배웠다. 그리고 아버지 공장에서 다루는 화약과 관련된 화학 공부도 많이 했는데, 페테르부르크 공과대학 교수였던 니콜라이 지닌에게 나이트로글리세린의 제조법도 배웠다. 이때 익힌 지식은 훗날 다이너마이트를 발명하는 중요한 밑거름이 된다.

2. 노벨의 아버지는 발명가이자 사업가였다. 주로 화약과 관련된 무기 사업을 하였는데, 노벨에게도 화학 공부를 시키는 등 자신의 뒤를 잇게 하였다. 한때 노벨이 문학에 깊은 관심을 갖고 문학가의 꿈을 꾸자 관심을 돌리기 위해 외국으로 여행을 보내기도 하였다. 거기서 발명가들과 교류하며 생각을 바꾸기를 바랐던 것이다. 결국 노벨은 아버지의 뜻대로 발명가이자 사업가가 되었다.

3. 노벨의 다이너마이트는 당시 화약들과는 달리 안전하면서도 폭발력이 굉장했다. 당시는 서구 사회가 산업적으로 매우 발전하던 시기였기 때문에 대규모 공사들이 많았다. 다이너마이트는 광산 개발이나 터널 굴착, 암석 발굴, 교량(다리) 건설, 건축 등 건설 현장에서 유용하게 사용되었다. 다이너마이트 덕분에 작업 시간을 단축시켜 비용을 줄일 수 있었다. 하지만 강대국 간의 전쟁에도 사용되면서 전쟁으로 인한 인명 피해 등이 심각해졌다. 다이너마이트가 이렇게 다방면에 사용되자 노벨은 엄청난 재산을 축적하였다.

4. 노벨상은 물리학, 화학, 생리의학, 문학, 평화 등 다섯 분야에서 걸쳐 전년도에 탁월한 업적을 이룬 사람에게 주어진다. 물리학상은 물리학에서 가장 중요한 발견이나 발명을 한 사람에게, 화학상은 중요한 화학 발견이나 개선을 한 사람에게, 생리의학상은 생리학이나 의학 분야에서 가장 중요한 발견을 한 사람에게, 문학상은 문학 분야에서 가장 뛰어난 작품을 쓴 사람에게, 평화상은 국가 간의 친목을 다지고 군대를 폐지하거나 축소하는 등 평화를 위해 공헌한 사람에게 주어진다.

5. 노벨의 동생이 죽었는데 한 신문기자가 잘못 알고 노벨이 죽었다는 기사를 보도하면서 그를 '죽음의 상인'이라고 칭하였다. 노벨이 발명한 다이너마이트가 공사 현장에서 유용하게 쓰이기도 했지만 전쟁에 이용되면서 많은 생명을 앗아 갔기 때문이다. 노벨은 사람들이 자신을 이렇게 생각한다는 걸 알고 큰 충격을 받고는 전 재산을 사회에 환원하기로 한다. 그리고 상을 제정하여 인류를 위해 공헌한 사람들에게 상금으로 주기로 한 것이다. 노벨 자신이 다이너마이트를 만든 이유도 인류를 위한 목적이었다. 다이너마이트가 결과적으로 전쟁 무기로 쓰이기는 했지만 노벨의 의도가 아니었기에 '죽음의 상인'이라는 별명은 지나치다고도 볼 수 있다. 반면 다이너마이트 때문에 많은 사람이 죽었다는 것 또한 사실이므로 다이너마이트를 판 행위는 죽음을 판 행위와 마찬가지라는 의미에서 그러한 별명이 어느 정도는 타당하다고 볼 수도 있다.

과학의 기초를 잡아주는 처음 과학동화 ⓫
노벨 아저씨네 미스터리 팡팡센터

1판 1쇄 발행 | 2019. 1. 17.
1판 3쇄 발행 | 2023. 8. 28.

김하은 글 | 유준재 그림 | 강대훈 도움글

발행처 김영사 | **발행인** 고세규
등록번호 제 406-2003-036호 | **등록일자** 1979. 5. 17.
주소 경기도 파주시 문발로 197(우10881)
전화 마케팅부 031-955-3100 | 편집부 031-955-3113~20 | 팩스 031-955-3111

© 2019 김하은, 유준재
이 책의 저작권은 저자에게 있습니다. 저자와 출판사의 허락 없이 내용의 일부를 인용하거나 발췌하는 것을 금합니다.

값은 표지에 있습니다.
ISBN 978-89-349-8469-6 74810
ISBN 978-89-349-7119-1(세트)

좋은 독자가 좋은 책을 만듭니다. 김영사는 독자 여러분의 의견에 항상 귀 기울이고 있습니다.
전자우편 book@gimmyoung.com | 홈페이지 www.gimmyoungjr.com

이 도서의 국립중앙도서관 출판시도서목록(CIP)은 서지정보유통지원시스템 홈페이지(http://seoji.nl.go.kr)와 국가자료공동목록시스템(http://www.nl.go.kr/kolisnet)에서 이용하실 수 있습니다. (CIP제어번호 : CIP2018041090)

어린이제품 안전특별법에 의한 표시사항
제품명 도서 제조년월일 2023년 8월 28일 제조사명 김영사 주소 10881 경기도 파주시 문발로 197
전화번호 031-955-3100 제조국명 대한민국 ⚠주의 책 모서리에 찍히거나 책장에 베이지 않게 조심하세요.